CUIDAR LA TIERRA HERIDA

JORDI PUIG BAGUER Y
MIGUEL PÉREZ DE LABORDA

CUIDAR LA TIERRA HERIDA

El valor y la fragilidad de la naturaleza

EDICIONES RIALP
MADRID

© 2025 *by* Jordi Puig Baguer y Miguel Pérez de Laborda
© 2025 *by* EDICIONES RIALP, S.A.
　Manuel Uribe 13-15, 28033, Madrid
　(www.rialp.com)

Preimpresión: www.produccioneditorial.com

ISBN (edición impresa): 978-84-321-7205-2
ISBN (edición digital): 978-84-321-7206-9
ISBN (edición bajo demanda): 978-84-321-7207-6
ISNI: 0000 0001 0725 313X
Depósito legal: M-17225-2025

Impreso en España　　　　　　　　　　　　　　　　*Printed in Spain*

Anzos, S. L. - Fuenlabrada (Madrid)

ÍNDICE

INVITACIÓN A LA LECTURA

En las últimas décadas, ha crecido constantemente la preocupación por el entorno, un espacio compartido en el que la naturaleza y lo humano se entrelazan profundamente, constituyendo lo que ahora llamamos medioambiente. En 1987, las Naciones Unidas publicaron el informe *Nuestro futuro común* (o Informe Brundtland) preparado por la Comisión Mundial sobre el Medio Ambiente y el Desarrollo. En él, se define el desarrollo sostenible como el que satisface las necesidades de la generación presente sin comprometer la capacidad de las generaciones futuras para satisfacer sus propias necesidades; y se plantea como objetivo un desarrollo sostenible económica, social y ambientalmente. En este libro, vamos a considerar el entrecruzamiento de estas tres dimensiones a la luz de una cuarta: la personal. Pensamos que desde esta perspectiva se explica mejor la relación que hay entre las otras dimensiones y se ve bajo una nueva luz el valor propio de las cosas y los seres vivos, que va más allá de lo meramente provechoso y tangible. La dimensión personal es además inseparable de las otras tres, pues en nuestra forma económica, social y ambiental de relacionarnos con la tierra y con las demás personas se decide también lo que sucede en lo más íntimo de nuestra propia vida.

Individualismo. Vacío existencial. Desilusión. Engaño. Desatención. Superficialidad. Insensibilidad. Indiferencia. Deshonestidad. Vulgaridad. Presunción. Maltrato. Manipulación. Desigualdad. Consumismo. Derroche. Dominio. Explotación. Destrucción. Desarraigo. Marginación. Soledad. Ansiedad. Adicciones. Insatisfacción. Son experiencias insanas demasiado extendidas en nuestro tiempo, que destruyen la sociedad y el ambiente, pero antes y primariamente dañan a las personas. Los propios autores de este libro percibimos en nosotros y a nuestro alrededor su amenaza, su mordedura, sus efectos y buscamos cómo ir evitándolos. Quizás por esta razón nuestro primer propósito en este libro es mostrar que cuidar nuestro planeta, escuchando el clamor de la tierra herida y la voz suplicante de los que en ella sufren, puede ayudar a sanar —o al menos aliviar— algunas de esas dolencias. Curarse cuidando. Tal vez convenga decirlo también negativamente: si no cuidamos, nos dañamos y causamos daño. Pero conviene todavía más insistir positivamente en ello: al buscar remedios para el mundo herido, recibimos "algo" que nos va curando. Enriquecerse enriqueciendo.

El segundo propósito es reflexionar —desde una postura católica— en torno a la relación entre el cristianismo y el ambientalismo, entendido como el cuidado del medioambiente. En nuestros días, no son pocos los que —desde cualquiera de las dos perspectivas— ven una cierta tensión entre ambas, o incluso una contraposición. A los autores de este libro, esto nos parece algo digno de atención pues, siendo cristianos, no nos sentimos ni a favor ni en contra del ambientalismo, sino simplemente dentro de él, conscientes de que navegamos por el mundo en el mismo barco en el que conviven todas las criaturas.

Podría ser verdad que haya cristianos despreocupados por las cuestiones medioambientales, y podría ser también verdad que entre quienes cultivan la sensibilidad ambiental haya algunos que se oponen explícitamente a las religiones, incluso acusándolas de ser las causantes de todos los males. De todo habrá, también creyentes ambientalistas y no creyentes sin sensibilidad ambiental, con todos los matices intermedios. Pero la cuestión de fondo que examinamos es más bien otra, pues apuntamos a un encuentro posible. Estamos convencidos de que el ambientalismo defiende muchos valores que el cristiano está también llamado a reconocer como suyos, por ser inseparables de la caridad enseñada por Jesús. No abrazarlos sería tan poco razonable como si la Iglesia, en el siglo XIX, hubiera abandonado la defensa de los trabajadores para no confluir, en ese empeño, con los nacientes partidos comunistas, y no hubiera comenzado a desarrollar su Doctrina social y a comprometerse con ella, compartiendo esfuerzos con todos aquellos que navegaban en la misma dirección.

Reconocemos, de todos modos, que en la cultura actual hay muchos "aparentes" buenos motivos para no dejarse involucrar personalmente por las exigencias del problema socioambiental, a la hora de tomar decisiones sobre cómo vivir y consumir, sea uno creyente o no. A veces, lo que incita a no escuchar las llamadas ambientales y solidarias es el rechazo que provoca el llamado *green washing* o ecoposturero (el que la aparente preocupación ambiental de algunas instituciones, empresas o personas sea solo una cuestión de imagen); o la perplejidad ante la oposición de asociaciones ecologistas a nuevas infraestructuras (pantanos, autopistas, vías de tren...); o la agresividad o incluso violencia usada en ocasiones para defender valores ambientales; o la desconfianza que suscitan algunas ONG u otros organismos de cooperación con objetivos ambientales, incluso internacionalmente reconocidos; o considerar que tras las nuevas tecnologías o proyectos que apoyan las energías renovables hay, principalmente, negocios de muchos miles de millones; o constatar lagunas e incoherencias en algunas personas reconocidas por su supuesto compromiso ambiental; o depositar una confianza ciega en el progreso o en las leyes del mercado, pensando que una especie de mano invisible impedirá siempre que la humanidad destruya su propia casa o que nuevas tecnologías solucionarán los problemas ambientales, sin que tengamos por tanto que cambiar nuestros hábitos; o la experiencia de que, en el pasado, algunos mensajes catastrofistas sobre el medioambiente se han demostrado después injustificados; o la sospecha de que detrás de algunas organizaciones ambientales haya ideologías políticas, religiosas o antirreligiosas que no se comparten; o el pensar que toda espiritualidad cercana a los movimientos ecologistas está ligada a una religiosidad tipo *New Age*, acaso muy distinta de la propia mentalidad. La lista puede ser interminable.

No es nuestra intención resolver ahora estas perplejidades, que alimentan una mirada escéptica y una conducta descomprometida hacia lo ambiental, sino solo reflexionar sobre si, en la solidaridad con la tierra y con los más necesitados, hay valores que todos —también los cristianos— deberíamos hacer nuestros, pues defenderlos nos hace mejores personas.

Los creyentes y los que no lo son saldrán todos ganando si promueven nuevas alianzas culturales para afrontar juntos los retos sociales y ambientales que ahora nos desafían.

En nuestros constantes cafés, viajes, diálogos, encuentros y colaboraciones con colegas, amigos y estudiantes ambientalistas, hemos aprendido mucho de todos ellos, también de quienes no comparten nuestras creencias religiosas. Al observar su amor apasionado a la naturaleza y su preocupación solidaria por los más vulnerables, afinamos nuestro modo de mirar y tratar con respeto a las criaturas, comprendiendo cada vez mejor el valor que en todas ellas anima. Creyentes y no creyentes nos ayudan a ver en el mundo un rastro de la presencia de Aquel que dijo de sí mismo: «Yo soy la Vida» (Jn 14, 6) y a abrir cada vez más los ojos al Dios oculto que buscamos en todo lo natural y humano.

Agradeciendo a todos ellos lo que nos han enseñado, queremos con esta obra explicar cuál es nuestra visión. Pensamos que quienes no comparten una concepción religiosa de la vida pueden enriquecerse al conocer las propuestas de muchos cristianos, desde el nacimiento de la cuestión ambiental, por justificar de un modo riguroso el deber de custodiar el medioambiente. Para mostrar que la Iglesia Católica no ha sido ajena a estos problemas —ya mucho antes de que la encíclica *Laudato si'* de Francisco elevara esa atención— citaremos con frecuencia también a los papas anteriores que hablaron con fuerza y profundidad sobre estos temas

(Pablo VI, Juan Pablo II y Benedicto XVI), recogiendo el sentir de científicos, filósofos y teólogos. Pensamos que sus ideas pueden ayudar a todos a reflexionar más en profundidad sobre la justificación, religiosa o no, de una ética ambiental solidaria.

El tercer y último propósito del libro, de carácter más práctico o aplicado, es presentar algunas actitudes y modos de comportarse que están al alcance de todos, y que pueden ayudarnos a descubrir los valores ambientales y a vivir en coherencia con ellos. Se hace así más ligero el camino que lleva a vivir con un estilo de vida que evita en la medida de lo posible causar daños ambientales (y sociales) innecesarios. Esto exige siempre alguna renuncia, pero lo que perdemos es mucho menos de lo que ganamos: anhelos artificiales —que dañan y nos dañan— a cambio de verdaderas riquezas.

I.
LA BONDAD DE LAS CRIATURAS

THE STUMP and **TRUNK** of the **MAMMOTH TREE** of CALAVERAS.
Showing a Cotillion Party of Thirty-two Persons Dancing on the Stump at one time

Representación antigua de los restos del *Discovery Tree* (o *Mammoth Tree*), una secuoya gigante de más de 90 metros de altura y 7,5 m de anchura en la base, que se encontraba en un bosque de Sierra Nevada (California). Esta maravilla natural fue derribada en 1852. «Los vándalos bailaron después sobre el tocón», escribió John Muir sobre el suceso. Foto: Wikimedia.

EN LA PRIMAVERA DE 1852, mientras seguía el rastro de un oso herido por Sierra Nevada (California), Augustus T. Dowd se encontró en medio de un bosque de secuoyas gigantes, en lo que ahora es el parque natural Calaveras Big Trees. Allí se conserva todavía el inmenso tocón del llamado *Discovery Tree*, una maravilla natural de más de 1200 años, que medía en su base siete metros y medio de diámetro.

Lo que hoy día queda de él sirve como recuerdo de la historia que acabó con su vida. Cinco colonos forcejearon a lo largo de 22 días, aplicando contra el tronco barrenas de minería, para perforarlo desde toda su circunferencia hacia el interior. Aunque el árbol siguió en pie al acabar esos esfuerzos, el viento lo acabó de derribar, tal vez cuando los implicados ya se habían dado por vencidos. Al conocer lo acaecido, el famoso naturalista John Muir exclamó: «Los vándalos bailaron después sobre el tocón», pues, antes de que en 1931 ese bosque fuera comprado por el Estado de California, el tocón había sido usado para eventos lúdicos.

Lo más sorprendente del suceso, visto desde la actualidad, es que los que lo abatieron no querían usar esa madera para construir sus casas o calentarse en las jornadas de invierno. De hecho, carecían de sierras adecuadas para poder cortar un tronco tan grande. Tal vez lo que pretendían era simplemente mostrar que podían derribarlo.

Más tarde se llegó a exhibir su corteza, recomponiéndola como si siguiera alrededor del árbol. Con ella así dispuesta, se conformaba un espacio amplio, como una habitación espaciosa, en la que podían congregarse hasta 40 personas. Se exhibió primero en San Francisco y después en Nueva York. Podemos estar seguros de que los visitantes de esas exposiciones se llevaron una fuerte impresión, si bien comparable quizá a la de quienes contemplan un águila disecada expuesta al público. Así como poco queda de esa rapaz que surcaba los cielos y cazaba, el derribo de la secuoya impidió a las generaciones sucesivas disfrutar de su presencia en medio del bosque, el único lugar en el que era posible apreciarla en toda su majestuosidad. Lo natural resplandece de verdad solo en el lugar que le corresponde y al que de algún modo pertenece.

Esta historia sirve como un símbolo de la capacidad destructiva de quien ve la realidad solamente como algo "disponible", sometida al propio plan o capricho, y como un ejemplo de lo que sucede al emplear mal las herramientas del progreso tecnológico, sin sensibilidad ante el valor de la naturaleza. El derribo muestra también que la percepción del valor que está «ante mí, aquí y ahora», no es siempre un paso hacia el cuidado de la tierra y su gente, pues se puede poner al servicio de intereses egoístas. Las consecuencias de buscar solo un beneficio propio e inmediato son inevitablemente el sometimiento, el dominio y la explotación, reduciendo todo —incluso las personas o su trabajo— a un mero recurso. La exaltación del "para mí" impide percibir el valor "en sí". Lo que nuestra ceguera vuelve invisible no logra despertar en nosotros ningún respeto[1].

---

[1] Cfr. Ordine, N. *La utilidad de lo inútil*, Acantilado, Barcelona 2013, p. 16.

Cuando se difunde esta actitud, que da prioridad al propio interés e instrumentaliza lo natural y a los demás seres humanos, se extiende por todo el mundo, como en la peor de las pandemias, la crisis de sostenibilidad[2].

Para poder cambiar esta mentalidad y promover mejor el cuidado de la casa común, conviene preguntarse en primer lugar qué hay detrás de la explotación caprichosa de lo natural. Desde que L. White publicó en 1967 *Las raíces históricas de nuestra crisis ecológica*, es frecuente oír que en el origen de la crisis ambiental está la lectura judeocristiana del *Génesis*, según la cual es «la voluntad de Dios que el hombre explote la naturaleza para su propio beneficio». Ahí tendría su origen la desacralización de la naturaleza y la idea de que uno puede someter incondicionalmente la realidad a sus propias necesidades o planes. En palabras de White, «la tecnología moderna se explica, al menos parcialmente, como una cristalización occidental, voluntarista, del dogma cristiano de la trascendencia del

---

[2] Cfr. UN Environment (Ed.) *Global Environment Outlook – GEO-6: Healthy Planet, Healthy People*. https://doi.org/10.1017/9781108627146

hombre sobre la naturaleza y de su dominio de pleno derecho sobre ella»[3].

No cabe duda de que algunos cristianos han caído en esta tentación, pero no es razonable sostener que es la propia Biblia la que les anima a hacerlo. Pensemos por ejemplo en el pasaje del Sermón de la Montaña, en el que Jesús dice: «Mirad las aves del cielo: no siembran, ni siegan, ni almacenan en graneros, y vuestro Padre celestial las alimenta. ¿Es que no valéis vosotros mucho más que ellas?» (Mt 6, 26-30). Una lectura antropocéntrica subrayaría de tal modo el valor del ser humano frente al resto de las realidades naturales, que justificaría someterlo todo al propio interés[4]. Pero no es esta la lectura que ha hecho el Magisterio de la Iglesia, pues cada pasaje de la Escritura lo comprende teniendo en cuenta la totalidad de la Biblia, y en otros pasajes de ella encontramos expresiones de este

---

[3] White, L. "Las raíces históricas de nuestra crisis ecológica", en C. Mitcham – R. Mackey, *Filosofía y tecnología*, Encuentro, Madrid 2004, p. 367.

[4] Cfr. Puig, J. "Sensibilidad por el medio ambiente y cristianismo", Scientia et Fides 7 (2019), p. 73-96, en p. 81. Varias son las ideas de ese artículo que se han integrado en este texto, aunque solo se citen las referencias más explícitamente expresadas allí.

tenor: «Del Señor es la tierra y cuanto hay en ella, el orbe y los que lo habitan» (Sal 24, 1). Así expresó Juan Pablo II las consecuencias que se pueden sacar de estos pasajes:

> El dominio confiado al hombre por el Creador no es un poder absoluto, ni se puede hablar de libertad de «usar y abusar», o de disponer de las cosas como mejor parezca. La limitación impuesta por el mismo Creador desde el principio, y expresada simbólicamente con la prohibición de «comer del fruto del árbol» (cf. Gn 2, 16 s.), muestra claramente que, ante la naturaleza visible, estamos sometidos a leyes no sólo biológicas sino también morales, cuya transgresión no queda impune[5].

Así leído, el texto del evangelista Mateo subraya que el poder del Creador se manifiesta, precisamente, manteniendo en la existencia a "la naturaleza visible" tal y como es, de modo que «las distintas criaturas, queridas en su ser propio, reflejan, cada una a su manera, un rayo de la sabiduría y de la bondad infinitas de Dios»[6].

---

[5] Juan Pablo II, *Sollicitudo rei socialis*, n. 34.
[6] Catecismo de la Iglesia Católica, n. 339.

Conectando con muchas sabidurías ancestrales —presentes todavía en algunos pueblos indígenas—, este sería un primer y fundamental motivo que tienen los cristianos para respetar la bondad propia de cada criatura e incluso para "amar apasionadamente el mundo": «El mundo no es malo, porque ha salido de las manos de Dios, porque es criatura suya, porque Yahvé lo miró y vio que era bueno. Somos los hombres los que lo hacemos malo y feo, con nuestros pecados y nuestras infidelidades»[7].

Si queremos encontrar el origen del abuso ambiental, por tanto, debemos buscar en otro lugar. El propio Juan Pablo II señala como responsables a dos tentaciones a las que la cultura contemporánea ha cedido, y que conectan con la escisión entre ser humano y naturaleza que tanto se ha desarrollado con la modernidad racionalista[8]:

---

[7] Escrivá de Balaguer, J. *Conversaciones*, n. 114. *Amar apasionadamente el mundo* es el título que se puso a la homilía predicada por san Josemaría en el Campus de la Universidad de Navarra, el 8 de octubre de 1967.

[8] Juan Pablo II, Discurso a los promotores y participantes en un congreso internacional sobre «ambiente y salud», 24 de marzo de 1997.

1. Una concepción del saber ya no entendido como sabiduría y contemplación, sino como poder sobre la naturaleza, que consiguientemente se considera objeto de conquista;
2. La explotación desenfrenada de los recursos, bajo el impulso de la búsqueda ilimitada de beneficios.

Se podría pensar que en una sociedad secularizada no debería estar muy presente esa doble tentación, pues una vez que se ha perdido a Dios y se ha eclipsado la posibilidad de una espiritualidad arraigada en un Espíritu, parecería que las personas se deberían tomar mucho más en serio la realidad natural y su cuidado, que es lo único que quedaría. Pero de hecho no ha sido así con frecuencia: la mentalidad materialista más excluyente, la que reduce el valor del mundo natural y humano a lo tangible y provechoso para uno mismo, empuja hacia un consumismo sin freno, reduciendo el valor de la materia al de un mero material, que no tiene valor por el hecho de existir, sino solo en cuanto que es útil para nuestros fines, personales o de grupo. En esa misma línea, se ha entendido el trabajo humano como poco más que un recurso, como ya se ha avanzado.

Este hecho fue ya constatado por algunos precursores del ambientalismo actual, como Henry David Thoureau y Aldo Leopold, para quien la instrumentalización de las realidades naturales —y de los seres humanos, en cuanto parte de la naturaleza— no puede dar razón del valor de muchas de ellas. El hecho de que millones de especies no tengan para nosotros un valor monetario, pues no «pueden venderse, pastarse, comerse o recibir cualquier otro uso económico»[9], ¿significa que carezcan de todo valor? Muchos nos inclinamos a responder que no, como sucede también con tantas realidades específicamente humanas que tienen un valor en sí mismas que no es cuantificable, como compartir momentos especialmente significativos en familia o con amigos, encontrar un sentido a lo que hacemos, tener la conciencia en paz o sentir la alegría de vivir. Tenemos experiencia de que estas dimensiones esenciales de nuestra vida carecen de valor económico o instrumental, y a pesar de ello no cabe despojarlas de todo valor. Por el mismo motivo, convendrá

---

[9] Leopold, A. *Una ética de la tierra*, Catarata, Madrid 2017, p. 188.

estar atento a qué realidades y valores escapan a la percepción de nuestro interés, sin dejar por ello de ser muy importantes.

Los seres naturales no necesitan ser inmensos o excepcionales —como el *Discovery Tree*— para merecer respeto: cada río, árbol, animal, ecosistema o paisaje tienen su valor propio, por insignificantes que parezcan. Esto es lo que le lleva a Roger Deakin a afirmar: «Quisiera que mis escritos condujeran a la gente a pensar no sólo en árboles, como hace ahora la mayoría, sino en cada árbol individual»[10]. Y John Muir escribió en su diario: «Cada árbol reclama una admiración especial. He hecho muchos bocetos y lamento no poder dibujar cada acícula»[11].

Estas palabras bonitas e importantes de Deakin y Muir, ¿pueden justificarse de algún modo? ¿Se podría llegar a descubrir que cada uno de los seres naturales posee un valor intrínseco, independiente del beneficio que pueda producirnos?

La dificultad de este empeño la señaló Arne Naess —fundador de la *Ecología profunda*, uno

---

[10] Macfarlane, R. *Landmarks*, Penguin, London 2017, p. 11-12.
[11] Macfarlane, R. *Landmarks*, p. 11.

de los movimientos ecologistas más radicales—, al afirmar que las normas, valores y modos de vivir que defiende este movimiento no siempre pueden justificarse racionalmente. Más en particular, el valor intrínseco de los seres se revelaría de un modo intuitivo[12]; es algo que simplemente se ve. Dejando para más adelante la reflexión sobre otros postulados de Naess, el límite de una justificación intuicionista del valor de lo natural es que, si alguien no ve, parece que poco se puede hacer para que sí vea, sobre todo cuando toda una sociedad consumista empuja a mirar hacia otro lado o a ver de otra forma.

A quien contempla la realidad desde una perspectiva religiosa y ve las criaturas en su relación con el Creador también le puede resultar intuitivo percibir el valor intrínseco de cada realidad, aunque sea por motivos diversos a los que mueven a Naess. Un bonito ejemplo de ello lo encontramos narrado por Félix Rodríguez de la Fuente tras su viaje a Terranova, donde convivió con los *inuit* y pudo observar su forma de

---

[12] Naess, A. *Ecosophy T: Deep Versus Shallow Ecology*, en L. P. Pojman – P. Pojman, *Environmental Ethics*, Wadsworth, Boston 2012, p. 139.

vida y sus estrategias para encontrar comida. Según cuenta, después de que en una ocasión consiguieran cazar una foca, la llevaron al chamán, que dirigió al Creador estas palabras:

> ¡Oh, padre de las focas y de todos los seres del mundo! Perdónanos por haberte quitado una hija tuya, pero la necesitamos para comer. Y yo te pido que mañana me des otra[13].

Los cristianos, como ya hemos señalado, tienen por su parte motivos más que justificados para respetar a todas las criaturas. El principal se expresa en el primer capítulo del *Génesis*, donde vemos desplegarse la obra de la creación: la luz, el firmamento, las aguas y la tierra, las estrellas, el sol y la luna, y los diversos seres vivos. Después de cada uno de los cinco primeros días de la creación (en el sexto serán creados el varón y la mujer) se repite la misma expresión: «Y vio Dios que era bueno». No es extraño que, muchos siglos después, san Pablo pudiera concluir que «todo lo creado por Dios es bueno» (1 Cor 4, 4).

---

[13] Varillas, B. *Félix Rodríguez de la Fuente: su vida, mensaje de futuro*, La Esfera de los Libros, Madrid 2010, p. 560.

Aunque no tomen la narración del *Génesis* en sentido literal, los cristianos encuentran ya en ella unas verdades fundamentales acerca de las criaturas: todas ellas son creadas por Dios, y todas son buenas. Así lo expresó Pablo VI:

> Este antiguo texto, tan sencillo y sin embargo tan profundo, nos está recordando hoy a todos nosotros que tenemos que considerar y aceptar el mundo en el que vivimos, esta creación, como buena, en su conjunto; buena, porque es un don de Dios; buena, porque constituye el ambiente en el que todos nosotros hemos sido colocados y en el que estamos llamados a vivir nuestra vocación en solidaridad unos con otros[14].

Por ello, las criaturas podrían ser vistas por el cristiano como una forma de darse de Dios al ser humano, pues gracias a ellas nuestra existencia ha podido desarrollarse. No hemos sido creados como ángeles, fuera de la corporeidad, sino como animales dependientes[15]. No habríamos existido sin la colaboración de todas

---

[14] Mensaje de su Santidad Pablo VI con ocasión de la V Jornada mundial del medio ambiente, 5 de junio de 1977.

[15] Cfr. MacIntyre, A. *Animales racionales y dependientes*, Paidós, Barcelona 2001.

esas otras realidades naturales y no podríamos seguir existiendo sin ellas. Este es un modo de entrever que «Dios es amor» (1 Jn 4, 8): la naturaleza es un don en el que el cristiano puede ver al Creador cercano a cada uno de nosotros, de un modo misterioso, siendo al mismo tiempo omnipresente y trascendente.

Si queremos recibir todos esos dones como lo que somos, seres libres y racionales, deberemos usar de ellos con agradecimiento, tomando lo que sea necesario para vivir una vida sin excesos ni carencias, con una gratitud y cuidado que busquen cultivar su valor y evitar su daño, con «un respeto religioso de la integridad de la creación»[16].

Pocas personas habrán vivido tan profundamente el deseo de contemplar y alabar al Creador en sus criaturas como lo hizo san Francisco de Asís. Por eso, Juan Pablo II le nombró Patrono de la ecología en 1979[17], porque san Francisco, a través de las criaturas, «especialmente del hermano sol, la hermana luna y las estrellas, rindió al omnipotente y buen Señor la debida alabanza, gloria, honor y toda bendición». Una

---

[16] Catecismo de la Iglesia Católica, n. 2415.
[17] Con su Bula *Inter Sanctos*, 29 de noviembre de 1979.

idea similar se encuentra también en el libro de Daniel, del Antiguo Testamento, cuando presenta el cántico de los tres jóvenes que estaban dentro de un horno encendido. Leyendo este pasaje, el creyente se puede sentir llamado a unirse a la alabanza que todas las criaturas (estrellas, montes, mares, animales…) elevan a su Creador, y a sentir la presencia de Dios en todas ellas. De hecho, esto es lo que de modo natural han hecho y siguen haciendo muchos pueblos indígenas, que ven en la creación un reflejo del Creador. Sirvan como ejemplo estas palabras de Hehaka Sapa, un sioux que fue durante años guía espiritual de su tribu:

> Tenemos que entender que todas las cosas son obra del Gran Espíritu. Tenemos que saber que Él se encuentra en todas las cosas: en los árboles, en las plantas, en los ríos, en las montañas, en todos los animales de cuatro patas y en los pueblos alados. Y, lo que todavía es más importante, tenemos que entender que Él está en el fondo de nuestro corazón: entonces temeremos, amaremos y conoceremos al Gran Espíritu, y nos esforzaremos en ser, actuar y vivir como Él quiere[18].

[18] Brown, Joseph E. *La pipa sagrada. Los siete ritos secretos de los indios sioux*, Taurus, Madrid 1986, p. 42.

Todo esto puede entenderse y vivirse sin caer en forma alguna de panteísmo o en una visión excesivamente romántica de la vida. Hemos aprendido a defendernos tan bien de la severidad y violencia de este mundo en el que vivimos que podemos llegar a olvidar sus muchos aspectos temibles y difíciles de comprender. Muchos entornos naturales siguen siendo tremendamente hostiles para los seres humanos que los sufren. A pesar de las numerosas seguridades conquistadas, en la tierra en la que nos ha tocado vivir hay terremotos y sequías, y unos animales se comen a otros. Hay plagas y hambrunas, dolor y muerte. Hay injusticia. Consciente de todo ello, cuando el cristiano entrevé al Creador tras la bondad de las criaturas, como hizo el santo de Asís, no pretende negar el misterio del daño, el dolor y el mal en el mundo, sino que precisamente ahí encuentra muchos y buenos motivos para convertirse en custodio bondadoso de su fragilidad. De hecho, el canto del «hermano sol» de san Francisco «no es un himno redactado en un momento idílico de contemplación de la naturaleza. Francisco está ciego, muy enfermo (glaucoma, problemas en el estómago, en el hígado, en el bazo, que le causan gran dolor…) y con graves dificultades con los hermanos que se están desviando de su carisma inicial. Se encuentra, por tanto, fracasado, solo y en un estado de hundimiento del alma muy grande». Precisamente entonces vive una experiencia que «hace estallar de gozo el alma de Francisco, la certeza del cielo, la experiencia ya en esta vida de la resurrección que relativiza y da sentido a todas sus tribulaciones y dolores»[19], y a la mañana siguiente compone esa alabanza a Dios por sus criaturas. Esta gozosa experiencia y el consiguiente deseo de cuidar todas las criaturas puede ser un lugar de encuentro con muchos no cristianos o no creyentes que escuchan también el clamor de la tierra herida, la llamada a sanarla.

---

[19] Vallejo, J.M. "Sant Francesc i la Naturalesa", *Questions de vida cristiana,* n. 215 (2015), Publicacions de l'Abadia de Montserrat / Fundació Joan Maragall, p. 98-99.

II.
APRENDER A MIRAR

Rachel Carson (1907-1964), considerada madre del ambientalismo, por el papel clave que desempeñó en el nacimiento de la conciencia ecológica occidental. En su obra *The Sense of Wonder* (El sentido del asombro) enseñó un modo de mirar las realidades naturales que ayuda a reconocer su valor, respetarlas y llenarse de deseos de conocerlas mejor. Foto: Wikimedia.

PARA PODER CUIDAR la Tierra es indispensable ver a cada ser tal y como realmente es, y entrever su valor. También el de ese peculiar ser natural que es el ser humano. No es una tarea fácil, pues con frecuencia las modas e ideologías, así como nuestras tendencias y apetitos, nos predisponen a mirarlas de un modo que no es respetuoso con el valor que por sí mismas tienen.

Sirva de ejemplo lo que se cuenta acerca del famoso filósofo Malebranche (1638-1715), que era, según se dice, uno de los hombres más dulces y compasivos de su tiempo. Un día que estaba paseando por París con un grupo de amigos, se acercó a ellos una perra gestante. Malebranche se arrodilló para acariciarla y, asegurándose de que sus amigos le vieran, le dio una patada. Los testigos del suceso se quedaron horrorizados, pero él les explicó que no había motivos para escandalizarse: «Esa perra es solamente una máquina»[1]. Influido por la filosofía de Descartes, estaría convencido de que los animales, como las máquinas, en sentido propio no pueden sentir el dolor o las emociones. Sus respuestas serían automáticas, como las de un aparato cuando se pulsa un botón para activarlo. Esa mirada del mecanicismo cartesiano despojó a esa perra de algunos aspectos que le son propios —dolor, emociones, afectos... su mismo "ser una perra"—, reduciéndola a un artefacto al que se puede patear.

Este mecanicismo puede estar ahora superado en muchos ámbitos, pero también hoy día tenemos dificultades para mirar a las realidades naturales y humanas en profundidad y verlas tal como realmente son, con "todo" su valor. Ahí, en esa ceguera, arraiga buena parte del maltrato al mundo.

En primer lugar, uno se puede dejar llevar por un activismo febril, con una mirada indiferente, tan superficial y estéril que en realidad no mira, y no consigue ver más que una pequeña

---

[1] Watson, Richard A. *Cogito, Ergo Sum. The life of René Descartes*, David R. Godine, Boston 2002, p. 11-12.

parte de lo presente. En un vivir acelerado, en el que priman la eficacia inmediata y los resultados tangibles, nos podemos convertir en ciegos espirituales, al igual que ocurre cuando miramos movidos solo por el propio interés.

Esta superficialidad se puede contrarrestar con el cultivo de una mirada atenta a la existencia y al peculiar modo de ser de las criaturas grandes y pequeñas que aparecen ante quien se detiene a contemplarlas. Pocos han expresado esta idea de un modo tan brillante como Rachel Carson, en su pequeño libro póstumo *El sentido del asombro* (The Sense of Wonder, de 1965), en el que muestra cómo dejar que —en contacto con la naturaleza— se despierten nuestras comprensiones y emociones más sencillas e infantiles, esas que suscitan el asombro y favorecen el amor apasionado y la alegría interior. Carson enseña a mirar y no solo ver; a escuchar y no solo oír; a fijarse en los detalles, con una atención llena de curiosidad, que nos puede hacer estremecer ante realidades que, sin esa atención, resultarían literalmente insignificantes. Una «mirada clara», llena «de asombro y emoción»[2].

---

[2] Carson, R. *El sentido del asombro*, Encuentro, Madrid 2021, p. 38.

Esta contemplación exige cambiar de ritmo, vivir despacio, con calma[3], centrados, para poder ir descubriendo el discreto encanto de cada realidad. Aprendiendo a vivir en presente el presente, se pueden percibir los colores y olores de las flores, el canto de los pájaros, el murmullo de un arroyo, el cambio de aire que hace presagiar la tormenta o la profundidad del rostro de una persona desconocida. Todo ello puede ser contemplado y disfrutado en su auténtica riqueza solo cuando se es capaz de "perder el tiempo", deteniéndose sin precipitación a mirar, dejándose interpelar —en un diálogo silencioso— para descubrir significados y valores. Al contrario, cuando nos dejamos arrastrar por la urgencia, o por meros intereses propios, muchas maravillas pasarán desapercibidas. No es por ello extraño que en diversos ambientes se promueva el cultivo de la atención plena (*mindfulness*) como un contrapunto a la dispersión propia de quien hace mucho, pero sin saber bien para qué. Lo que está presente sin que lo veamos podría ser

---

[3] Cfr. Novo, M. *Despacio, despacio… 20 Razones para ir más lentos por la vida*, Obelisco, Barcelona 2010.

precisamente lo que nos ayude a alcanzar la alegría y paz que anhelamos.

Félix Rodríguez de la Fuente contó la gran decepción que se llevó con siete años, cuando pidió a los Reyes Magos un pájaro y le trajeron uno de colores preciosos, pero de hojalata, «al que había que dar cuerda para que se moviera», cuando él soñaba con un pájaro «vivo, inmenso, poderoso, surcando los cielos en todas las direcciones»[4]. Veía, ya de niño, el valor singular de la vida.

No todos son tan sensibles a esta diferencia entre vida y artefacto. Hay quien prefiere poner en casa flores de papel —que no se estropean—, un árbol de Navidad de plástico —que no llena el suelo de pinocha— y un césped artificial en el jardín —que no hay que regar ni cortar—. Ciertamente, muchas veces es más práctico y sensato hacerlo así, pero conviene no olvidar que lo artificial, por valioso que sea en ocasiones, puede también que imite a la vida de un modo superficial y con frecuencia empobrecedor, pues la belleza de la vida es mucho

[4] Varillas, B. *Félix Rodríguez de la Fuente: su vida, mensaje de futuro*, p. 59.

más que un conjunto de formas, colores y estructuras, que podamos reproducir formalmente. La naturaleza no es estática, sino dinámica, de modo que solo se puede disfrutar y aprender plenamente de un pájaro o de una flor si, por ejemplo, se les ve desarrollarse, llegar a la plenitud de su vida y acabar cediendo ante la muerte, después de haberse reproducido. Solo adecuándose a este tipo de ritmo y modo de ser propio de lo natural puede uno ir captando su auténtica belleza y sus enseñanzas. Un ritmo que podría resultar en ocasiones insoportablemente lento, cuando «nos acostumbramos a percibir la realidad como fuente de estímulos, de sorpresas. Como cazadores de información, nos volvemos ciegos para las cosas silenciosas, discretas, incluidas las habituales, las menudas o las comunes, que no nos estimulan, pero nos anclan en el ser»[5]. Por contraste, la mirada contemplativa es apacible y reposada.

Mirando con esta apertura a lo profundo, uno va descubriendo también lo extraordinariamente diversa que es la naturaleza. Basta

[5] Han, Byung-Chul. *No-Cosas. Quiebras del mundo de hoy*, Penguin, Barcelona 2021, p. 11.

pensar que difícilmente se podrían encontrar dos hojas de un mismo árbol que fuesen exactamente iguales en su forma o en su cambio de color en otoño. Quien ha aprendido a mirar, percibe esta variedad como una riqueza que se despliega por todas partes: en la asombrosa complejidad atómica y molecular, en la diversidad de células, tejidos, órganos, funciones, individuos, poblaciones, especies, ecosistemas, relaciones y comportamientos. Y no es algo exclusivo del mundo mineral, vegetal y animal, pues se encuentra también en los ambientes y paisajes bien humanizados de la tierra.

En esta gran variedad hay al mismo tiempo pluralidad y distinción de valores. Se puede respetar la existencia de cada una de las criaturas, sin aceptar que todas ellas tengan el mismo valor ni soliciten de nosotros una misma conducta. Nos cortamos el pelo, pero no las manos. Cortarse el pelo es una elección que sintoniza respetuosamente con su modo de ser, pues el pelo crece y no duele al cortarlo. Pero no cabe esa sintonía respetuosa al cortar deliberadamente una mano, pues la mano es importantísima para el vivir humano, no se regenera y es sensible al dolor. Aunque no hubiera una ley humana que lo prohibiera, cortar la mano sería una acción inhumana, por no respetarla así como es.

Esto no significa, de todos modos, que deba haber siempre conflicto entre la naturaleza y la libertad. Siendo animales racionales, somos también, si se nos permite la expresión, "naturaleza libre", el lugar de encuentro de dos dimensiones que en nosotros se necesitan y retroalimentan: aprendo libremente a ser natural (no puedo llegar a ser natural si no es empleando la libertad), y aprendo a ser libre obrando de acuerdo con lo que la naturaleza me enseña (no puedo llegar a ser libre si no elijo respetar lo natural). De este modo, cada realidad natural, con su manera concreta de ser, puede convertirse en guía de nuestra conducta, como una maestra que enseña a sus pupilos a respetarla, ayudándoles a crecer humanamente al usar naturalmente de su libertad. Que la naturaleza es una de nuestras mejores maestras de libertad lo puede percibir con claridad el que reconoce que el Amor que nos llama a ser libres se deja vislumbrar en lo natural, para que allí lo encontremos.

Podría parecer que la contemplación de lo natural es solo un lujo que pocos se pueden permitir o que está reservada a unos pocos amantes apasionados de la naturaleza. Quizá conviene por ello que nos preguntemos, con Rachel Carson:

> ¿Cuál es el valor de conservar y fortalecer este sentido de sobrecogimiento y de asombro, este reconocer algo más allá de las fronteras de la existencia humana?, ¿es explorar la naturaleza sólo una manera agradable de pasar las horas doradas de la niñez o hay algo más profundo?[6].

Ella misma explica la importancia que para todos tiene la serena percepción de la belleza natural, al recordarnos la conveniencia de fortalecer el «sentido de sobrecogimiento y de asombro» para intentar descubrir «algo más profundo, algo que perdura y tiene significado»: «Hay una belleza tan simbólica como real en la migración de las aves, en el flujo y reflujo de la marea, en los repliegues de la yema preparada para la primavera»[7].

Para romper con el propio interés o con la prisa estresante o cegadora que impiden percibir el valor propio de cada ser, es conveniente lograr esas formas de "atención sin intención"

---

[6] Carson, R. *El sentido del asombro*, p. 63.
[7] Carson, R. *El sentido del asombro*, p. 44-45.

que Han[8] relaciona con la felicidad, y que tan
fácil es descuidar en una cultura consumista
dominada, por ejemplo, por las tecnologías
digitales. Modos tradicionales de alcanzar esa
atención son encontrar momentos de silencio[9]
—sobre todo silencio interior— y practicar ese
«arte de pasear» al que ya invitaba Schelle hace
dos siglos, pues «pocas cosas nos siguen alejan-
do más de la aplastante dinámica del consumismo urbano que un simple paseo sin destino
claro»[10], un paseo en el que se ejercita la mirada
contemplativa y no una posesiva[11] o acelera-
da, en el que descansan los ojos y se recobran
el entusiasmo y la alegría que quizá se habían
perdido por encontrarnos «dolorosa y horrible-
mente separados»[12] de la naturaleza. Para evitar
esta dolorosa separación conviene tener siempre presente que, como ha escrito el papa Francisco, no es propio del ser humano «vivir cada

---

[8] Han, *No-Cosas. Quiebras del mundo de hoy*, 20.

[9] Cfr. E. Kagge, *El silencio en la era del ruido*, Taurus, Barcelona 2017; P. D'Ors, *Biografía del Silencio*, Siruela, Madrid 2019.

[10] Silvestre, F.L. "El mundo a tres kilómetros por hora", en K. G. Schelle, *El arte de Pasear*, Diaz & Pons, Madrid 2013, p. 7-19.

[11] Cfr. D. Le Breton, *Elogio del caminar*, Siruela, Madrid 2011.

[12] Milani, R. *El arte del paisaje*, Biblioteca Nueva, Madrid 2015, p. 11.

vez más inundados de cemento, asfalto, vidrio y metales, privados del contacto físico con la naturaleza»[13].

A través de estas experiencias de contemplación y comunión, se aprende a apreciar pequeños detalles naturales incluso dentro de las ciudades, gozando de un colorido amanecer o de un árbol que empieza a brotar y acoge a pajarillos que uno no se podía imaginar que se encontraban en medio de esa calle transitada, a pesar de que siempre habían estado allí, invitando al asombro con sus colores y cantos. Hasta se puede entrever el regalo de la naturaleza en los materiales que el ingenio humano ha incorporado en los edificios y pavimentos, usando o transformando sus cualidades y consistencia naturales.

De este modo, poco a poco cualquier persona puede desarrollar la sensibilidad —también en el sentido de ser «receptivo a determinados asuntos o problemas y proclive a ponerles solución» (Diccionario de la lengua española) —, para convertirse, con palabras de Félix Rodríguez de la Fuente, en uno «de los hombres

---

[13] Francisco, *Laudato si'*, 44.

cuyos sentidos no se han embotado todavía para recibir el mensaje eterno de la naturaleza»[14]. Un mensaje que nutre constantemente el crecimiento del espíritu humano, de modo semejante a como los alimentos naturales nutren el cuerpo.

Esta "sensibilidad ambiental" que, a su vez, alimenta la sensibilidad ante lo específicamente humano, permite experimentar la grandeza que hay en el fondo de cada existencia concreta, reconociendo que cada ser, por insignificante que parezca, es expresión del misterio del universo y de la vida. Entonces, es fácil hacerse nuevas preguntas acerca de lo contemplado. Esta idea la transmite Carson en el propio título del libro ya citado, pues la expresión *wonder*, presente en el título original (*The Sense of Wonder*), significa tanto «asombro» como «interrogarse», como recuerda su traductora. Ambos son dos aspectos de un mismo movimiento. El asombro empuja a buscar lo que la naturaleza esconde y ofrece más allá de las primeras apariencias. Admirándose ante cada ser concreto, ante cada persona,

---

[14] Varillas, B. *Félix Rodríguez de la Fuente: su vida, mensaje de futuro,* pp. 285s.

se va descubriendo más y más su valor, patente y misterioso a la vez.

En otras ocasiones, lo que impide que se perciban maravillas que la naturaleza exhibe ante nosotros es el no ser capaces de levantar la vista del microscopio, renunciando a disfrutar de una experiencia integral e integradora. Aparece entonces una mirada tan concentrada en algún aspecto de la realidad que pasa por alto o incluso niega la existencia de lo que no se está mirando. Cuando, desde la ciencia, no se resiste a esta tentación, «lo que no es capturado en las redes científicas es, primero, ignorado y más tarde negado. Surge así el "cientificismo", una forma de concebir el mundo que domina gran parte del pensamiento de la civilización moderna. Una filosofía que se disfraza de ciencia»[15].

Cuando nos ponemos frente a la realidad sin esos prejuicios cientificistas, nos damos cuenta de que la ciencia, que tantos valores indispensables descubre, no permite captar "todo" el significado y el valor del mundo; y de que,

---

[15] Chandra, A. *El científico y el santo. Los límites de la ciencia y el testimonio de los sabios*, Olañeta, Palma de Mallorca 2016, 61.

una vez que las diversas disciplinas científicas han dicho todo lo que pueden decir, todavía se puede aprender mucho en torno a la naturaleza[16]. Se abren así las puertas a otros modos de conocer lo natural, como el arte y la poesía, la filosofía y la religión que, a su vez, no deberían cerrarse a un diálogo fructuoso con las otras múltiples y variadas miradas que son fuente del saber. No podemos pretender que una determinada forma de conocimiento nos abra de par en par las puertas a toda la realidad; y quizá ni siquiera todas juntas puedan hacerlo, pues en el fondo de ella, en su origen, hay algo que resulta inefable para nuestro lenguaje e inabarcable para nuestra inteligencia, por nuestra limitada capacidad de expresión y de comprensión. Como escribió Rilke, «la mayoría de los acontecimientos son inexpresables, se consuman en un lugar en el que nunca ha penetrado una palabra»[17].

Reconocer la existencia de lo inabarcable no es propio solo de la persona religiosa, pues los

---

[16] Shairp, J.C. *On poetic interpretation of nature,* David Douglas, Edinburgh 1877, v-vi.

[17] Rilke, R.M. *Cartas a un joven poeta*, Rialp, Madrid 2016, p. 21-22.

materialismos abiertos al misterio pueden también reconocer que la realidad es en parte inasible e inefable. Aunque se resista a hablar de algo sobre-material, el tipo de ambientalista que encarna ese materialismo profundo intuye en la materia un misterio con el que intenta entrar en comunión. Y no quiere renunciar a los valores que percibe así, aunque no pueda dar razón de ellos a través de la ciencia. Parafraseando a Pascal, se podría decir que su experiencia tiene razones que la ciencia no comprende, y que son tan poderosas como para haber alimentado, junto con la ciencia ecológica, el despertar de la conciencia ambiental contemporánea.

El cristiano, por su parte, al pensar que Dios crea todas las cosas de la nada, puede experimentar la íntima conexión entre Dios y las criaturas, e incluso hacer suyas estas palabras de san Juan de la Cruz:

Las montañas tienen alturas, son abundantes, anchas, hermosas, graciosas, floridas y olorosas. Estas montañas es mi Amado para mí. Los valles solitarios son quietos, amenos, frescos, umbrosos, de dulces aguas llenos y, en la variedad de sus arboledas y suave canto de aves hacen gran recreación y deleite al sentido, dan refrigerio y descanso en su soledad y silencio. Estos valles es mi Amado para mí[18].

Cuando la contemplación de la belleza natural se realiza a la luz de la relación de las diversas criaturas con su Creador, aparecen con nueva claridad la verdad y bondad que las cosas tienen por sí mismas, tal y como son, independientemente del valor que tengan para nosotros. Y así, como bien explica Benedicto XVI, se podrían evitar los efectos negativos de tener una mirada superficial, atenta solo a lo inmediato y perecedero:

Una búsqueda de la belleza que fuese extraña o separada de la búsqueda humana de la verdad y de la bondad se transformaría, como por desgracia sucede, en mero estetismo, y, sobre todo para los más jóvenes, en un itinerario que desemboca en lo efímero, en la apariencia banal y superficial, o incluso en una fuga hacia paraísos artificiales, que enmascaran y esconden el vacío y la inconsistencia interior[19].

---

[18] *Cántico espiritual* 13-14, 6-7. Cfr. Francisco, *Laudato sì*, 234.
[19] Benedicto XVI, Mensaje a las academias pontificias, 24 noviembre 2008.

Es propio del cristiano cultivar una mirada profunda, que le permita ver la belleza de cada variadísimo modo de ser como un reflejo particular de la perfección del Creador y, por tanto, como algo que ayuda a satisfacer los anhelos humanos más profundos; esos anhelos que comparte con el no creyente, pues también este puede percibir el latir profundo de la realidad, aunque lo interprete de otra forma.

III.
UNA ARMONÍA DELICADA

Tormenta de polvo en Texas (1935), durante el fenómeno llamado *Dust Bowl* ("la cuenca del polvo", nombre que se refiere también al área a la que afectó), caracterizado por una serie de devastadoras tormentas de polvo entre 1932 y 1939. Un periodo de largas sequías, unidas al mal manejo de las praderas del centro de los Estados Unidos, produjeron grandes desastres ambientales y sociales. Foto: Wikimedia.

MUCHOS VISITANTES de zoológicos y acuarios quedan fascinados al contemplar algunos de los animales que se encuentran allí. Pero esa visita, ¿no será como ir a ver la corteza arrancada del *Discovery Tree*, en vez de contemplar el esplendor del árbol intacto y en medio del bosque en el que estaba? No es de extrañar que este tipo de instalaciones tengan cada vez más detractores. Robert Spaemann sintetizó bien la perplejidad que siente la conciencia ecológica ante los animales en cautividad, resumiéndola así:

> Arrancar una cosa natural del lugar en el que se encuentra por naturaleza y en el que puede ser lo que es por naturaleza, para situarla en un contexto de objetivos que le son extraños y exteriores —la mayor parte de las veces al precio de

su aniquilación— es algo que necesita siempre ser justificado[1].

En la vida del león hay mucho más que el simple aspecto exterior, su tamaño y forma, su mirada inquietante y esas pocas cosas más que se pueden apreciar en un zoo. Y hay también más que su genética, de la que surgen muchas de esas características. En el león hay además todo un mundo de interacciones con su entorno, que son resultado de su entrelazamiento natural con el ambiente. Ese entramado de relaciones se adentra en el ser de ese animal, como él lo hace en el ambiente, de modo tal que el valor relacional es algo propio del león y a la vez de su entorno. El león enriquece la sabana y viceversa. Esto hace que, lejos de su medio natural, cambien radicalmente sus percepciones y emociones, e incluso la mirada se le apague.

El desarrollo de la ciencia de la ecología, a partir del siglo XIX, ha ido mostrando muy variadas relaciones entre las realidades naturales, que son de tal complejidad que llegan a abrumar. El valor fundamental de estas relaciones

---

[1] Spaemann, R. *Lo natural y lo racional: ensayos de antropología*, Rialp, Madrid 1989, p. 103.

está presente en la primera de las cuatro «leyes» —aforismos divulgativos sobre la ecología— que popularizó Barry Commoner[2]: «Todo está relacionado con todo lo demás», de tal modo que lo que afecta a uno afecta también a los otros. «Cuando intentamos entresacar algo por sí mismo, lo encontramos sujeto a todo lo demás que existe en el Universo», escribió Muir[3].

Esta compleja interrelación es algo que fácilmente olvidamos. Así sucede, por ejemplo, cuando hacemos turismo en lugares famosos por su biodiversidad, pero con una actitud más bien urbanita, que nos lleva a querer disfrutar del clima, la flora y la fauna del lugar sin tener que soportar determinados insectos, olvidando que son también parte de ese ecosistema. Sin ellos, lugares que se publicitan como paraísos terrenales no podrían seguir siéndolo por mucho tiempo, pues la presencia y diversidad de estos animales —cuyo valor

---

[2] Commoner, B. *El círculo que se cierra*, Plaza Janés, Barcelona 1973, p. 33-43.

[3] Muir, J. *My first summer in the Sierra*, Houghton Mifflin Company, Boston and New York 1911, p. 211. "When we try to pick out anything by itself, we find it hitched to everything else in the universe."

con frecuencia reducimos a si son o no molestos para nosotros— indican la salud y la riqueza de muchos ecosistemas.

Esta estrecha relación entre realidades muy diversas tiene innumerables consecuencias prácticas, en su mayoría insospechadas. En el libro *La tierra herida. ¿Qué mundo heredarán nuestros hijos?*, en el que Miguel Delibes y su hijo —un reconocido biólogo— dialogan acerca de los problemas ambientales, la desertificación se pone como ejemplo del entrelazamiento de lo vivo, lo inerte y lo humano a escala planetaria:

> ¡Si te dijera que el polvo del Sáhara, arrastrado en gigantescas nubes por los vientos, se detecta hoy tanto en el Caribe, donde daña a los arrecifes de coral, como en la cuenca del Amazonas, donde aumenta la productividad de la selva! ¡Y, por supuesto, también llega a toda España y a Centroeuropa! A veces, en Sevilla, se arman grandes colas en las máquinas de lavar coches, pues ha caído del cielo tanto barro que los limpiaparabrisas apenas bastan para despejar los cristales y poder conducir[4].

---

[4] Delibes, M., & Delibes de Castro, M. *La tierra herida. ¿Qué mundo heredarán nuestros hijos?*, Planeta, Barcelona, 2006, p. 56.

Como escribió Aldo Leopold, «en la tierra, como en el cuerpo humano, los síntomas pueden estar en un órgano y la causa en otro»[5].

En la antigua Grecia apareció la idea de un cosmos armónico. En tiempos más recientes hemos comprendido mejor que esa armonía está dotada de un constante dinamismo y es alterable a escalas antes inimaginables. Va quedando cada vez más claro que la naturaleza es de una complejidad tal que no deberíamos presuponer que encontraremos soluciones fáciles a los problemas ambientales causados, ni sería razonable pensar, con una ingenua esperanza, que nuevas tecnologías podrán siempre resolver esos problemas como si nada. La tercera «ley» de la ecología propuesta por Barry Commoner dice: «La naturaleza sabe lo que se hace», pero a quien no percibe la complejidad del mundo y decide intervenir continuamente sin suficiente cautela, le cuesta reconocer su ignorancia y tiende a pensar que él también sabe lo que se hace, y que lo sabe mejor que la propia naturaleza.

Una imagen sugerente, empleada por Aldo Leopold, ayuda a comprender el riesgo que

---

[5] Leopold, A. *Una ética de la tierra*, p. 174.

supone no tener presente esta conexión: «Hay dos peligros espirituales en no tener una granja. Uno es el peligro de suponer que el desayuno procede del supermercado, y el otro que el calor procede de la caldera»[6]. Cuando admitimos con humildad la complejidad de las interacciones en el mundo natural y humano, tratamos de obrar con precaución. Pero quien permanece siempre en entornos urbanos podría tener más dificultades para ser prudente, pues le resulta más difícil comprender cuáles son los presupuestos indispensables y los efectos colaterales de estar al abrigo en una cálida casa desayunando un par de huevos fritos con beicon, en una fría mañana de invierno.

Los riesgos de vivir siempre en entornos urbanos están también muy presentes en la obra de Eça de Queirós. El narrador de su cuento *Civilización* dice así:

En la ciudad nunca se miran los astros por culpa de las luces que los ocultan; y por ello nunca se entra en completa comunión con el universo. El hombre de las grandes ciudades pertenece a su casa o, como mucho, a su barrio, si lo impulsa una fuerte tendencia a la sociabilidad. Todo

---

[6] Leopold, A. *Una ética de la tierra*, p. 60.

lo separa y lo aísla de la naturaleza circundante (…). Pero qué diferencia en la cima de un monte como Torges. Allí las lindas estrellas nos miran de cerca, reluciendo, como si fuesen ojos conscientes (…). Es imposible no sentir una perfecta solidaridad entre esos inmensos mundos y nuestros pobres cuerpos[7].

Toda armonía natural es vulnerable. Lo comprobamos continuamente en el cuerpo humano, sometido a la enfermedad, el cansancio, las heridas y la muerte. Y a lo largo de la historia natural, terremotos y maremotos, sequías y diluvios, extinciones, plagas y otros muchos fenómenos naturales han roto constantemente el orden y la armonía que hasta ese momento parecían estables, incluso inquebrantables. Algunas veces, han sido sucesos con efectos globales, como el famoso meteorito caído hace unos 65 millones de años junto a la península de Yucatán, en México, con consecuencias devastadoras en toda la tierra.

Desde el inicio de la Revolución Industrial, en el siglo XIX, la actividad del ser humano, que

---

[7] Eça de Queirós, J.M. *La ciudad y las sierras, seguido de "Civilización"*, Acantilado, Barcelona 2020, p. 196.

desde siempre había influido en su entorno, comenzó a ser una fuente de problemas nuevos, y no solo por la industrialización. Por poner un ejemplo de otro tipo, la conversión en terreno agrario de inmensas praderas herbosas en América del Norte, habitadas antes en un cierto equilibrio por nativos nómadas y grandes manadas de herbívoros, provocó un desastre ambiental que repercutió en los propios colonos agricultores de inicios del siglo xx. Su labranza eliminó la cubierta protectora de hierba y expuso unos suelos frágiles a la combinación de los largos períodos de sequía y los vientos que caracterizan esas tierras, generando fuertes tormentas de polvo, antes inexistentes. Es el llamado *Dust Bowl,* que aparece en la fotografía con la que se abre este capítulo, por el cual millones de los agricultores pioneros que lo colonizaron quedaron en la miseria y cientos de miles se vieron forzados a emigrar, principalmente hacia el oeste, agravando en la región las consecuencias de la Gran Depresión, como Steinbeck retrató en *Las uvas de la ira.* Es bien conocido también lo que ocurrió en el mar de Aral, que actualmente se encuentra entre Kazajistán y Uzbekistán, pero en aquella época se encontraba en la

Unión Soviética. A partir de los años 60, se comenzó a aprovechar para regadíos el agua de los ríos que lo abastecían, de un modo tan intenso que, como consecuencia, se produjo una drástica reducción de la superficie del lago, ocasionando innumerables consecuencias negativas. En ejemplos como estos, se muestra como «una racionalidad parcial, sin suficiente cultura de la tierra, por muy planificada y alimentada de buena voluntad que esté, puede conducir a impactos sociales y ambientales desastrosos»[8].

Ante tanta influencia negativa del ser humano, a veces ni deseada ni culpable, no son pocos los que se plantean si no seremos más que un error de la naturaleza. El ser humano se ha convertido en sospechoso, quedando en entredicho su valor eminente entre los seres naturales, pues no es fácil evitar una visión negativa de él cuando se contempla el fuerte contraste entre el progreso económico y el empobrecimiento del medioambiente[9]. No es por ello extraño que

---

[8] Puig, J. y Casas, M. "El impacto ambiental: un despertar ético valioso para la educación", *Teoría de la Educación* 29-1 (2017), p. 101-128, en p. 106.

[9] Ramos, A. *¿Por qué la conservación de la naturaleza?*, Discurso leído en el acto de su recepción en la Real Academia de

en los últimos decenios hayan surgido diversos movimientos que propugnan pasar de una visión antropocéntrica —que pone al ser humano en el centro de su atención— a una ecocéntrica o biocéntrica. Dos ejemplos conocidos son la ya mencionada Ecología profunda (*Deep Ecology*) y los que promueven la extinción voluntaria de nuestra especie. Para algunos, el ser humano es como un lobo para la naturaleza (*Homo naturae lupus*). Un depredador global descontrolado. Un virus, en la peor de sus acepciones populares.

Muchos ambientalistas no tienen una visión tan negativa del ser humano ni participan de ese deseo de eliminarlo, y de hecho ofrecen críticas interesantes frente a los ecologismos antihumanistas. Un ejemplo interesante de esta crítica lo encontramos en Richard Watson[10], que señala una paradoja en la visión ecocéntrica: si pensásemos que el estado natural se realiza solo cuando el ser humano no está presente en la naturaleza o cuando está reprimiendo sus tendencias propias, estaríamos suponiendo que

---

Ciencias Exactas, Físicas y Naturales, Fundación Conde del Valle de Salazar 1993, p. 54.

[10] Watson, R. *A Critique of Anti-Anthropocentric Ethics*, en Pojman, cit., p. 161.

los humanos somos algo biológicamente contradictorio. Quedaríamos discriminados frente a las demás realidades naturales. Se nos consideraría como una especie singular, a la que no se le permitiría ser lo que ella misma es, ni interactuar con todo lo demás de acuerdo con las potencialidades propias de su naturaleza, racional y capaz de amar libremente.

La preocupante capacidad humana de hacer tanto daño que podríamos evitar muestra que la responsabilidad moral es un rasgo exclusivo del ser humano: no le pedimos cuentas morales a un león por matar a una persona, por más que lo lamentemos cuando sucede como el mal que es. Nuestra inserción en la red del mundo es la de un ser natural, que es al mismo tiempo racional y libre, y precisamente por ello moralmente responsable. Un ser que tiene unas capacidades tan asombrosas, si las comparamos con las de otros animales, que podemos equivocarnos de un modo en el que ellos no pueden. Somos libres moralmente, para bien y para mal.

Muchos cristianos son también conscientes del gran daño que podemos causar al entorno. Un ejemplo claro lo encontramos en la

Declaración de Venecia, que firmaron juntos el papa Juan Pablo II y el Patriarca ortodoxo de Alejandría, Bartolomé I. En ella afirman:

> Nos preocupan las consecuencias negativas para la humanidad y para toda la creación que derivan de la degradación de algunos recursos naturales fundamentales como el agua, el aire y la tierra, causada por un progreso económico y técnico que no reconoce y no considera sus límites.

Más recientemente, la encíclica *Laudato si'* del papa Francisco y su recepción atestiguan cómo crece, en el corazón del catolicismo, la visión de la naturaleza como una creación vulnerable, siguiendo la dirección que en 1985 Joseph Ratzinger señalara como una tarea:

> La amenaza que sufre la vida por obra del hombre, asunto éste del que se habla hoy en todas partes, ha dado una mayor prioridad al tema de la Creación. Pero, al mismo tiempo, paradójicamente, se puede observar una casi total desaparición del mensaje de la Creación en la catequesis, en la predicación e incluso en la teología[11].

---

[11] Ratzinger, J. *Creación y pecado*, Eunsa, Pamplona 1992, p. 19.

A la hora de explicar el origen de los problemas ambientales, la concepción antropológica cristiana no echa la culpa al ser humano en cuanto tal —a su naturaleza, a su mera existencia—. No causamos el mal por el mero hecho de existir, sino por ignorancia o por comportarnos inmoralmente de una manera libremente escogida exclusiva de la humanidad. Como cristianos, estaríamos llamados por el Creador a expresar positivamente nuestra grandeza, gracias al cultivo de la inteligencia y la buena voluntad. Pero no siempre estamos a la altura de esta tarea y, de hecho, a veces ponemos nuestras singulares capacidades al servicio de unos intereses y modos de hacer que causan daños evitables, inadvertida o voluntariamente.

Esta grandeza humana se le presenta con claridad al cristiano en algunas frases que el propio Jesús dirige a sus discípulos: «Vosotros valéis más que muchos pajarillos» (Mt 10, 31) y «Cuánto más vale un hombre que una oveja» (Mt 12, 12). Estos y otros textos, que no rompen la continuidad de lo humano con lo natural al elevarlo, llevan a la Iglesia a afirmar en su Catecismo: «El hombre es la cumbre de la obra de la creación» (n. 343).

Esta posición, evidentemente, es incompatible con un ecocentrismo que no reconozca el singular valor humano y, por ello, «el Magisterio de la Iglesia manifiesta reservas ante una concepción del mundo que nos rodea [que esté] inspirada en el ecocentrismo y el biocentrismo, porque dicha concepción elimina la diferencia ontológica y axiológica [de valor] entre la persona humana y los otros seres vivientes. De este modo, se anula en la práctica la identidad y el papel superior del hombre, favoreciendo una visión igualitarista de la «dignidad» de todos los seres vivientes»[12].

El alejamiento de esas posiciones eco o biocentristas no tiene por qué implicar que el cristiano no pueda promover una relación armónica del ser humano con el ambiente. Incluso podría sentirse más radicalmente llamado a buscarla que los que se mueven desde esas posiciones, pues se siente interpelado a ese cuidado no solo por todo lo que mueve a los demás ambientalistas, sino también por su propia fe. A este respecto, es interesante considerar que,

---

[12] Benedicto XVI, Mensaje para la XLIII Jornada mundial de la paz, 1 de enero de 2010, n. 13.

en el *Génesis*, al llegar a la creación del ser humano se añade: «Y Dios vio todas las cosas que había hecho, y eran muy buenas» (Gen 1, 31). Ya no se dice simplemente que son «buenas», como después de la creación de cada una de ellas (luz, sol, seres vivos): parece como si, en esta narración judeocristiana de los inicios, la creación del ser humano hubiese sido el punto final y culminante de toda la creación, y todas las criaturas hubiesen comenzado a tener más valor. Al aparecer el ser humano, la naturaleza no habría quedado devaluada, sino que habría integrado en ella una inteligencia y una capacidad de amar radicalmente nuevas.

Como se ve, que se admita una diferencia de valor entre el ser humano y el resto del mundo natural no tiene por qué crear una tensión entre ellos. Son realidades distintas pero llamadas a convivir en armonía, en la medida en que es posible en este frágil, dañado e incluso violento mundo. En esa diversidad se puede dar una unidad que no es mera uniformidad y por ello podemos poner nuestras singulares capacidades, sin inhibirlas, al servicio de la belleza y armonía natural. Es tarea de cada persona actualizar esas capacidades, estar a la altura de la posición que, en cuanto humano, ocupa en la naturaleza.

Uno de los ambientalistas que intentó comprender el origen del daño ambiental fue Félix Rodríguez de la Fuente, que lo situó en un momento histórico: el paso humano desde ser cazadores-recolectores a ser agricultores y ganaderos, que acontece en el neolítico[13]. Se comprende por ello su pasión por convivir con tribus que todavía en el siglo XX vivían como cazadores-recolectores. En ellas, buscaba respuestas que no encontraba en su entorno cultural occidental.

Desde el cristianismo, se suele situar el origen del mal comportamiento humano mucho antes, en la historia contada en el tercer capítulo del *Génesis*. Según esta narración, el ser humano fue creado en el paraíso, un lugar idílico en el que todo era armonía y abundancia, pero después fue expulsado de allí, por su desobediencia al mandato divino. Entonces aparecen la división entre Adán y Eva, la indiferencia («¿Acaso soy yo el guardián de mi hermano?», responde

---

[13] Varillas, B. *Félix Rodríguez de la Fuente: su vida, mensaje de futuro*, p. 27-34.

Caín a la pregunta de Dios sobre el paradero de su hermano Abel) y la violencia (Caín mata a Abel). Además —y esto es para nosotros ahora especialmente relevante— la ruptura con Dios conlleva la ruptura de la armonía original entre el ser humano y la naturaleza, como señaló Juan Pablo II:

> Esto llevó no sólo a la alienación del hombre mismo, a la muerte y al fratricidio, sino también a una especie de rebelión de la tierra contra él. Toda la creación se vio sometida a la caducidad, y desde entonces espera, de modo misterioso, ser liberada para entrar en la libertad gloriosa con todos los hijos de Dios[14].

Sería ingenuo para el cristiano pensar que esta ruptura con el designio creador se dio solo en el tiempo lejano del que habla el *Génesis*, pues resulta evidente que provoca desórdenes también en el presente: dejarse llevar por «el deseo de tener y gozar, más que de ser y de crecer» manifiesta una «mezquindad o estrechez de

---

[14] Juan Pablo II, Mensaje para la XXIII Jornada mundial de la paz, 1 de enero de 1990, n. 3. El papa cita primero *Gén* 3, 17-19; 4, 12 y después *Rom* 8, 20-21.

miras del hombre» cuando es «animado por el deseo de poseer las cosas en vez de relacionarlas con la verdad» y carece «de aquella actitud desinteresada, gratuita, estética que nace del asombro por el ser y por la belleza». Según Juan Pablo II, solo esta actitud «permite leer en las cosas visibles el mensaje de Dios invisible que las ha creado»[15].

Este peligro siempre actual de romper la armonía original fue también desarrollado por Benedicto XVI, en un encuentro con el clero de la diócesis de Bolzano-Bressanone, en 2008:

El consumo brutal de la creación comienza donde no está Dios, donde la materia es sólo material para nosotros, donde nosotros mismos somos las últimas instancias, donde el conjunto es simplemente una propiedad nuestra y el consumo es sólo para nosotros mismos. El derroche de la creación comienza donde no reconocemos ya ninguna instancia por encima de nosotros, sino que sólo nos vemos a nosotros mismos; comienza donde no existe ya ninguna dimensión de la vida más allá de la muerte, donde en esta vida debemos acapararlo todo y poseer la vida

---

[15] Juan Pablo II, *Centessimus annus*, n. 37.

de la forma más intensa posible, donde debemos poseer todo lo que es posible poseer[16].

Para el cristiano, una persona trabajará al servicio de la armonía delicada de la creación en la medida en que entienda qué papel le corresponde en el designio creador e intente estar a la altura, aplicando su inteligencia y su compromiso libre. La creación, que «sufre y gime por la sumisión en que se encuentra y que espera la revelación de los hijos de Dios, se sentirá liberada cuando vengan criaturas, hombres que son hijos de Dios y que la tratarán desde Dios»[17]. En esa misma dirección pensamos que muchas veces avanzan la razón y el corazón de quienes cultivan la ciencia ecológica y la sensibilidad ambiental desde posiciones que no se tienen a sí mismas por cristianas. Con frecuencia, además, han ido abriendo el camino.

[16] Benedicto XVI, Encuentro con el clero de la diócesis de Bolzano-Bressanone, 6 agosto 2008.
[17] Benedicto XVI, Encuentro con el clero de la diócesis de Bolzano-Bressanone, 6 agosto 2008.

IV.
UNA CULTURA DEL CUIDADO

Yacouba Sawadogo, «el hombre que paró el desierto». Este agricultor de Burkina Faso, fallecido en 2023, rehabilitó unas tierras en proceso de desertificación, aplicando una técnica tradicional, modificada para adecuarla a las necesidades del lugar. De este modo, aportó una importante ayuda a muchas personas que de otro modo hubieran tenido que emigrar a otros lugares. Foto: Wikimedia.

Para entender mejor el lugar que nos corresponde en el seno de la naturaleza, conviene reconocer siempre —y no solo ocasionalmente— que nuestra vida no sería posible sin muchas otras realidades naturales: «la Naturaleza nos vuelve humildes, nos enseña el lugar que tenemos dentro del cosmos, nuestra fragilidad y dependencia permanente de innumerables seres vivientes, tantos que apenas podemos concebir, y sin los cuales no podríamos subsistir ni un solo día»[1]. Apenas unos minutos sin oxígeno y fallecemos.

Se dice coloquialmente que somos "polvo de estrellas", pues —por lo que enseña la

---

[1] Mallarach, J. M. "Más allá de la interpretación: conectando en profundidad con la Naturaleza", *Europarc-España. Revista técnica de los espacios naturales y protegidos* 36 (2013), p. 30-33, cita en p. 31.

física— los átomos que componen nuestros cuerpos se han constituido principalmente en las estrellas (si no antes, en los primeros instantes del universo). Ese "polvo" se ha incorporado mucho después, por vías asombrosas, en nuestra corporalidad animal, que a su vez está integrada en un ecosistema, del que depende. Incluso se puede decir que en el cuerpo humano se da una especial presencia del cosmos: no puede tomarse «como una casualidad, ni como un dato sin consecuencia moral, que compartamos con la naturaleza no humana la materialidad de átomos, moléculas y genes, tipos celulares y de tejidos, familias de órganos vitales, funciones metabólicas, relaciones ecológicas e incluso no poco de las conductas y sentimientos propios del mundo animal vinculados a nuestra condición natural»[2]. No comprenderemos nuestras emociones e instintos humanos si no nos reconocemos también como animales.

Polvo de estrellas... animales... humanos. Este largo camino hacia la singularidad del ser

---

[2] Puig, J. "Un ambientalista se encuentra con encíclica *Laudato si'*. Una llamada (¿inesperada?) a la conversión desde la ecología", en *Cuidar la creación. Estudios sobre Laudato si'*, ed. Tomás Trigo, Eunsa, Pamplona 2016, p. 113-151, cit. en p. 124-126.

humano, equilibrada con la humildad de su origen, lo tenía muy presente Darwin cuando al final de *El origen del hombre* escribió lo siguiente:

> El hombre (…), con todas sus nobles cualidades, con la simpatía que siente por los más envilecidos, con la benevolencia que extiende no solo a los demás hombres sino al más insignificante de los seres vivos, con su intelecto divino, que ha penetrado en los movimientos y la constitución del sistema solar… Con todas estas capacidades enaltecidas, el hombre todavía lleva en su estructura corporal el sello indeleble de su humilde origen[3].

Como se ve, cada uno de nosotros tiene muchos motivos para decir que la tierra es mi casa. No mía como algo que me pertenece y con lo que puedo hacer lo que quiera sin rendir cuentas, sino como el lugar al que naturalmente pertenezco, en el que recibo mi ser. De modo análogo a como solemos decir que me enriquece pertenecer a mi familia, me enriquezco también al pertenecer a la tierra. De hecho, solo

---

[3] Darwin, Ch. *El origen del hombre*, Austral, Barcelona 2009, p. 816.

siendo parte de la naturaleza y habitantes de la tierra podemos recibir y desarrollar los valores de la familia, la cultura o la sociedad. Pero somos naturales y "terrestres" de un modo tan primario o fundamental que a veces se da por supuesto y se acaba olvidando. Como señaló Aldo Leopold, es entonces cuando comienzan los problemas: «abusamos de la tierra porque la vemos como una mercancía que nos pertenece. Cuando pensemos en la tierra como en una comunidad a la que pertenecemos, podremos empezar a usarla con amor y respeto»[4]. En esta misma línea añadió:

> En pocas palabras, una ética de la tierra cambia el papel de *Homo sapiens*: de conquistador de la comunidad terrestre al de simple miembro y ciudadano de ella. Esto implica respeto por sus miembros, y respeto también por la comunidad como tal[5].

Un cristiano no debería tener problemas para reconocer que el ser humano es miembro de la comunidad natural de este modo tan íntimo y

---

[4] Leopold, A. *Una ética de la tierra*, p. 55.
[5] Leopold, A. *Una ética de la tierra*, p. 182-183.

que en esa intimidad se da un encuentro de sus respectivos valores. No somos precisamente ángeles, así que a veces es bueno recordar nuestros humildes orígenes, como hace la liturgia católica el miércoles de ceniza: «Acuérdate de que eres polvo y al polvo volverás», haciendo referencia a los relatos del *Génesis* en torno al origen del ser humano y a su fragilidad y mortalidad.

Que seamos animales y vengamos del polvo no anula la especial relevancia del ser humano entre las demás realidades terrenas, de la que se ha empezado a hablar en el capítulo anterior y en la que deseamos ahora profundizar. Que la pertenencia a la comunidad natural no disuelve nuestra singularidad y valor específico es quizá la intuición crucial que le falta por descubrir e integrar a Naess en su propuesta de Ecología Profunda, tan rica y clarividente en otros aspectos. El ser humano, sin dejar de ser natural, trasciende con su cultura y espíritu el mundo natural en el que vive. Nuestra capacidad de ir más allá del aquí y ahora —sin dejar de ser naturales— es precisamente lo que nos permite optar libremente por vivir buscando la armonía con esa naturaleza que somos, escuchar el reclamo de la realidad para integrarnos armoniosamente con los demás seres naturales.

En definitiva, tenemos un modo natural de ser que nosotros mismos no hemos creado, pero de algún modo podemos trascender. Por ejemplo, estamos obligados a comer, pero escogemos libremente qué y cómo comemos, y desarrollamos el arte culinario y la gastronomía. Esto revela nuestra inteligencia profunda y creativa, capaz de comprender lo que la naturaleza y las personas son en sí mismas.

Al ser libres y racionales, es natural (propio de nuestra naturaleza) e indispensable emplear estas capacidades para reconocer, respetar y promover los valores naturales y humanos, buscando evitar todo daño innecesario. En suma, sabemos que nuestra pertenencia a la tierra no está simplemente constituida por lo que nos viene dado sin elección (es necesario respirar para seguir vivos), sino que es también una tarea inteligente y libre, una llamada a ser solidarios en el seno de ese mundo natural al que pertenecemos y que tan generosamente se nos da.

Ahora queremos resaltar no tanto el daño que deriva de no estar a la altura de nuestra responsabilidad sino la maravilla del vivir buscando esta armonía: nos hace cada vez mejores personas, más naturales y al mismo tiempo más humanos.

Félix Rodríguez de la Fuente se preguntó por la persona que le había causado una impresión más profunda y llegó a una conclusión sorprendente: Lazabo, un pigmeo de la selva de Ituri, en la actual R. D. del Congo. Era cazador y se jugaba la vida matando elefantes con su lanza, para alimentar a los suyos. Una vez cobrada la presa, las costumbres de su pueblo le imponían una prohibición que resulta asombrosa desde la mentalidad occidental. «¿Qué haces después de que el elefante ha muerto?», le pregunta Félix. Y Lazabo responde[6]:

Le arranco la lanza, limpio el acero, tomo sangre y carne de la herida, la pongo entre hojas aromáticas, me retiro solo a la selva y le ofrezco a Comba, el padre de los elefantes y de los pigmeos y de todas las plantas y animales, las primicias de lo que es suyo y él me ha dado, y le pido que me lo dé también mañana.

---

[6] Varillas, B. *Félix Rodríguez de la Fuente: su vida, mensaje de futuro*, p. 410.

Y «cuando acuden las mujeres y los cazadores para despedazar a Tembo ¿qué parte de la presa guardas para ti?», sigue interrogando Félix:

> Yo no puedo comer ni guardar nada del elefante que he matado porque Comba me castigaría y me volvería peor que una bestia, pero si otro cazador mata yo sí puedo comer de la carne.

Félix comenta:

> Quedé asombrado ante el prodigio de un hombre primitivo que, después de jugarse la vida para matar a un elefante, cree que no puede comer de él para no apropiarse de algo que pertenece a la naturaleza.

Este modo de entender la relación con el elefante y con el cosmos es para nosotros aleccionador, y tendría que darnos que pensar el que se trate de un cazador que a ojos civilizados aparece como primitivo. Se entiende así mejor por qué Rodríguez de la Fuente piensa que el abandono de la vida cazadora y recolectora fue el origen histórico de la ruptura del ser humano con la naturaleza y del impacto negativo sobre el ambiente[7]. Que Lazabo consiga imponerse sobre el elefante —expresión majestuosa de la naturaleza—, no le convierte en su propietario. No renuncia a matarlo, pero lo hace al servicio de las auténticas necesidades de su comunidad.

Comparada con la actitud y el comportamiento de Lazabo, qué distinta y empobrecedora es la conducta del cazador civilizado que esté movido sólo por el beneficio (el dinero que le reporta el tráfico de marfil) o por la vanidad (si lo que quiere es simplemente dar prueba de su poder o pericia cazadora). Mientras que, al cazar, ese pigmeo vive en armonía con la naturaleza, el otro cazador la rompe precisamente cazando; se separa de esa naturaleza, impulsado por su excesivo deseo de tener o de parecer. Y mientras que Lazabo piensa en su comunidad al cazar, el otro busca solo su autoafirmación. ¡Cuánto da que pensar que Lazabo sostenga que comer o quedarse con algo del elefante cazado por él le transformaría en alguien peor que una bestia! Da que pensar a nuestra sociedad,

---

[7] Cfr. Puig, J., & Casas, L. (2020). "El impacto ambiental: Un despertar ético valioso para la educación". *Revista de Educación*, (389).

tan asentada a veces en la posesión y en la acumulación de bienes que no logra ni imaginar cómo sería vivir trabajando para los demás, con la seguridad de que ellos, a su vez, se comportarán del mismo modo. En nuestra cultura, no suelen estar tan presentes esos fuertes lazos de solidaridad ni se ve con la agudeza de Lazabo el peligro personal y social que acarrea la apropiación del mundo.

Por desgracia, a veces se da por descontado que es inevitable causar graves daños al ambiente con el fin de obtener beneficios económicos suficientes para vivir bien. Es verdad que no siempre es posible evitar todo el daño, pues es inevitable, por ejemplo, comer seres vivos. Si no animales, al menos vegetales. Pero sí es posible evitar muchos de los daños ambientales y sociales que quizá consideramos inevitables. Quien cultiva una conciencia ecológica consigue renovar constantemente su ingenio para evitar lo más posible esos efectos colaterales de su actividad. No es esta tarea sencilla, pues, como dijo Aldo Leopold, nuestras herramientas mejoran más rápidamente que nosotros mismos, de modo que no es fácil «vivir de un pedazo de tierra sin estropearla»[8]. Pero es posible ir mejorando, en la medida en que nos comprometemos a vivir un principio fundamental de la ética ambiental, que Leopold formula así:

Algo es correcto cuando tiende a preservar la integridad, estabilidad y belleza de la comunidad biótica. Es incorrecto cuando tiende a otra cosa[9].

El mejor modo de preservar esa integridad es sin duda hacer el esfuerzo positivo de enriquecer el ambiente. Por ello, ahora nos queremos detener en este nuevo aspecto de la maravillosa tarea que nos corresponde en el mundo. El ser humano no solo eleva el valor de la naturaleza por su simple existir en ella (como se ha propuesto en el capítulo anterior), sino que también puede hacerlo por medio de su actividad. Y ese es un aspecto de su tarea o llamada, que arraiga en el núcleo de su ser natural humano.

Quien ha oído hablar de Elzéard Bouffier, personaje principal de *El hombre que plantaba*

---

[8] Leopold, A. "Engineering and Conservation", en Aldo Leopold. *A Sand County Almanac and other Writings on Ecology and Conservation*, Library of America, New York 2013, p. 405–410, cit. en p. 410.

[9] Leopold, A. *Una ética de la Tierra*, 202.

árboles, de Jean Giono, entiende bien qué es enriquecer el lugar donde uno vive. En ese relato, Bouffier, mientras vive de su rebaño y sus colmenas, logra que crezcan decenas de miles de árboles, por el sencillo procedimiento de enterrar bellotas y otros frutos o semillas cuidadosamente seleccionados. Así, no solo acaba transformando el paisaje, sino que mejora también la vida de todos los que se benefician de su trabajo de revalorización de esos terrenos.

Cuando uno lee una ficción como esta de Giono, puede pensar "¡Qué pena que no existan personas como Elzéard y que no se den ese tipo de actividades enriquecedoras!". Por suerte, la realidad a veces iguala o incluso supera a la ficción.

Una historia real que llena de esperanza es la de Yacouba Sawadogo, «el hombre que paró el desierto»[10]. Este agricultor de Burkina Faso, fallecido en 2023, se propuso rehabilitar unas tierras en proceso de desertificación. Lo hizo aplicando una técnica tradicional, el uso de los agujeros Zaï, que él —observador, inteligente y creativo— modificó para adecuarlos a las

---

[10] Se le conoce en todo el mundo a raíz del documental *The Man Who Stopped the Desert*, 2010.

necesidades del lugar. Los llenó de estiércol, atrayendo termitas sin pretenderlo. Estas, con su compleja red de túneles, ayudaron a airear el terreno y facilitaron la infiltración del agua de lluvia en el suelo preparado por Yacouba para retenerla en superficie. De este modo, favoreció también el crecimiento de los árboles que él mismo se ocupaba de plantar en los alrededores de los campos de cultivo, y consiguió aumentar la humedad del suelo y disminuir la temperatura e insolación en el conjunto de esos terrenos. Después de decenios, con mucha paciencia y aprendiendo de la experiencia, logró revertir el proceso de desertificación y permitió a su pueblo vivir de lo que los campos producían. Todo ello ocurrió asociando su trabajo con diversos procesos naturales: los que llevan a cabo las termitas excavando túneles, el flujo de la lluvia caída, la retención del agua por las arcillas de la tierra, el crecimiento de los hongos sobre el estiércol aportado por Yacouba —de los que las termitas se alimentan—, el entrañarse de las raíces de los árboles y arbustos en la tierra a la que dan sombra, la llegada de nuevas semillas traídas por el viento o por los pájaros que se posaban en los árboles recién crecidos, etc. A través de esta armónica colaboración, se multiplicó a la vez (lo cual es significativo) el valor productivo y el biológico de una tierra que en los años anteriores era muy poco fértil. Y se acabó el hambre en su poblado.

De su trabajo se benefició primero su aldea, pero su influjo se ha ido extendiendo a otros lugares de su país y a otras naciones del Sahel, que sufren problemas semejantes y pueden aplicar métodos análogos para resolverlos. De hecho, se le considera uno de los pioneros del actual proyecto de construir en África la llamada *Great Green Wall*, una franja de vegetación que atraviesa 8000 km del Sahel, desde el Atlántico al Mar Rojo, para frenar el avance del desierto del Sáhara. De este modo, Sawadogo ha aportado una importante ayuda a muchas personas que, sin ella, tendrían que emigrar a otros lugares, con los sufrimientos que estos movimientos de población siempre generan.

Este ejemplo, que es solo uno de tantos, cuestiona frontalmente el tópico de que para enriquecerse uno no puede pretender, al mismo tiempo, enriquecer a los demás y a la tierra donde vive. Por ello, Juan Pablo II sugirió que, frente al «progreso de la técnica y el desarrollo de la civilización de nuestro tiempo, que está marcado por el dominio de la técnica», conviene hacerse esta pregunta esencial: «Si el hombre, en cuanto hombre, en el contexto de este progreso, se hace de veras mejor, es decir, más maduro espiritualmente, más consciente de la dignidad de su humanidad, más responsable, más abierto a los demás, particularmente a los más necesitados y a los más débiles, más disponible a dar y prestar ayuda a todos»[11].

Para hablar de nuestra relación responsable en el seno del medioambiente se puede usar la expresión «cuidar»[12], que denota bien el deseo de evitar el daño causado a la tierra y sus pobladores, o de repararlo, cuando ya se ha producido. No es por ello extraño que entre los frutos maduros del ambientalismo esté el deseo y el compromiso de mantener, sostener o conservar lo natural y, cada vez con más fuerza, también el de restaurarlo o enriquecerlo.

---

[11] Juan Pablo II, *Redemptor hominis*, n. 15.

[12] Cfr. Prieto, J. "Crónica sobre las LII Jornadas de Teología «Cuidar la Creación: retos para una Ecoteología»", *Salmanticensis*, 67 (2020), p. 551-553; T. Trigo (Ed.), *Cuidar la Creación. Estudios sobre la encíclica Laudato si'*, Eunsa, Pamplona 2016.

En el encuentro ya referido con el clero de la diócesis de Bolzano-Bressanone, un profesor de teología moral comentó al papa Benedicto XVI que en ese lugar «las autoridades y muchas asociaciones dedican mucha atención a los problemas ambientales», pero los cristianos suelen vivir de espalda a ellos, porque consideran que tienen "poca relación con la fe". Y le preguntó al papa: «¿Qué podemos hacer para llevar más a la vida de las comunidades cristianas el sentido de responsabilidad con respecto a la creación?». En su respuesta, Benedicto XVI subrayó que «es necesario poner nuevamente de relieve este vínculo inseparable» entre la creación y la redención, para que los cristianos se den cuenta de los muchos motivos que tienen para cuidar la tierra. Así lo había también sostenido su predecesor, Juan Pablo II:

Incluso los hombres y las mujeres que no tienen particulares convicciones religiosas, por el sentido de sus propias responsabilidades ante el bien común, reconocen su deber de contribuir al saneamiento del ambiente. Con mayor razón aún, los que creen en Dios creador y, por tanto, están convencidos de que en el mundo existe un orden bien definido y orientado a un fin, deben sentirse llamados a interesarse por este problema. Los cristianos, en particular, descubren que su cometido dentro de la creación, así como sus deberes con la naturaleza y el Creador, forman parte de su fe[13].

Juan Pablo II sostiene también que, después de crear todas las cosas y ver que «todo era muy bueno» (Gn 1, 31), Dios «confió al hombre y a la mujer todo el resto de la creación, y entonces pudo descansar "de toda la obra creadora" (Gn 2, 3)»[14]. Dios nos pasa el testigo, con la intención de que ahora nosotros usemos nuestra capacidad creativa y regeneradora en la naturaleza, para «ayudarla a desarrollarse en su línea, la de la creación, la querida por Dios»[15].

Para el cristiano, entonces, cuidar la armonía natural es una parte esencial de su vocación: «Dios nos puso en el mundo para que

[13] Juan Pablo II, Mensaje para la XXIII Jornada mundial de la paz, 1 de enero de 1990, n. 15.

[14] Juan Pablo II, Mensaje para la XXIII Jornada mundial de la paz, 1 de enero de 1990, n. 3.

[15] Juan Pablo II, Discurso a la 35 Asamblea General de la Asociación Médica Mundial, 29 octubre 1983, n. 6.

cooperáramos con él en la realización cada vez más plena de la finalidad divina de la creación» (Declaración de Venecia). Al contrario, destruir y dañar arbitrariamente, dando prioridad al propio beneficio, es para un cristiano dejarse llevar por el egoísmo y actuar sin el respeto debido al proyecto divino.

En el compromiso y la entrega amorosa por cuidar la tierra confluyen los esfuerzos de personas con muy diversas concepciones del mundo y del ser humano. Algunos son impulsados por sus creencias en religiones indígenas próximas a visiones animistas, otros por religiones orientales o monoteístas, y otros no tienen una visión religiosa de la vida. Pero todos tienen en común el deseo de defender el ambiente, y esto les ofrece un lugar de encuentro.

A lo largo de la historia, son muchos los cristianos que han vivido este compromiso ambiental. Los monasterios han sido siempre un caso singular, pues las tierras que gestionaban eran muchas veces auténticos oasis. «En particular, la espiritualidad benedictina y la franciscana han testimoniado esta especie de parentesco del hombre con el medioambiente, alimentando en él una actitud de respeto a toda realidad del mundo que lo rodea»[16]. Esas espiritualidades se alejan de ciertos aspectos del mundo artificial creado por el ser humano, viviendo en medio de una naturaleza que ven como un reflejo de su Creador. No es casualidad que Gregor Mendel fuese un fraile agustino, ni tampoco que en la actualidad algunas reservas naturales correspondan precisamente a las tierras que antes pertenecieron a monasterios. Son parte de los muchos entornos que han llegado bien conservados hasta nuestros días, gracias al influjo de tradiciones espirituales o religiosas muy variadas.

Teniendo presente esos y otros vínculos entre conservación, naturaleza y espiritualidad, no es extraño que la Unión Internacional para la Conservación de la Naturaleza (UICN, en inglés IUCN) haya destacado recientemente la necesidad de buscar la alianza con las grandes religiones. Creada en 1948, la UICN es la red medioambiental más grande y diversa del mundo. Cuando escribimos estas páginas (2024), en ella se integran 1400 organizaciones y cuenta con las aportaciones

---

[16] Juan Pablo II, Discurso a los promotores y participantes en un congreso internacional sobre «ambiente y salud», 24 de marzo de 1997, n. 4.

de más de 15 000 científicos y expertos. En el seno de su Comisión de Política Ambiental, Económica y Social, el Grupo Especialista en Religión, Espiritualidad, Conservación Medioambiental y Justicia Climática (RESPECC), creado en 2015, busca promover la cooperación y entendimiento entre muy diversas religiones y culturas, en lo que se refiere al cuidado del planeta[17].

Este tipo de esfuerzo común entre tantas personas de buena voluntad fue augurado también por Juan Pablo II y Bartolomé I, Patriarca ortodoxo de Alejandría, en la ya mencionada Declaración de Venecia, señalando al mismo tiempo lo que puede aportar un cristianismo consciente:

La conciencia de la relación entre Dios y la humanidad da un sentido más pleno de la importancia de la relación entre los seres humanos y el ambiente natural, que es creación de Dios y que Dios nos ha encomendado para que lo conservemos con sabiduría y amor.

---

[17] Cfr. https://iucn.org/es/our-union/commissions/group/iucn-ceesp-religion-spirituality-conservation-and-climate-justice.

Más recientemente, el papa Francisco, como cabeza de la Iglesia católica, entró de un modo muy significativo en este diálogo sobre cuestiones ambientales cuando publicó la ya citada encíclica *Laudato si'* (2015), que constituye la más desarrollada reflexión ofrecida por un papa sobre medioambiente y espiritualidad (véase en especial el capítulo VI). Con ella, podemos decir que el papa salía hacia las periferias, para ir al encuentro de la cultura ambiental y abrazar todo aquello que está en ella y es al mismo tiempo esencial al cristianismo.

La Iglesia, de este modo, sigue la línea de lo que ha hecho a lo largo de su historia. Los mejores pensadores cristianos del pasado no se oponían a los nuevos movimientos culturales cuando entreveían un fondo de verdad que era compatible —o incluso estaba implícito— en las enseñanzas de Jesús. Por poner dos ejemplos, esto es lo que sucedió en los primeros tiempos con la filosofía griega y, de nuevo, en el Siglo XIX con el movimiento social que se extendió después de la Revolución Industrial y la aparición de la clase obrera, cuestión a la que ya hemos aludido.

Para desarrollar esta idea, podemos acudir a una imagen usada por Aldo Leopold: cuando

Ulises vuelve a casa después de la Guerra de Troya, mata a una docena de sus esclavas, por su mala conducta durante su ausencia. ¿Cómo es posible que alguien como él, modelo en tantas virtudes y amado por los dioses, pudiera cometer ese crimen? Lo explica el que, para su cultura (si es que podemos llamarla así aquí), esas esclavas no eran sujeto de valor o de derecho, sino simplemente una propiedad con la que se podía hacer lo que uno quisiera. «Durante los tres mil años transcurridos desde entonces, los criterios éticos se han extendido a muchos campos de la conducta»[18], y ahora se reconoce como inmoral que unas personas sean propiedad de alguien. De este modo, en la medida en que se ha descubierto el valor propio de una realidad y ha comenzado a ser respetada, se produce una «ampliación de la ética»[19].

En tiempos antiguos, el cristianismo se esforzó en promover una ampliación ética de ese tipo, intentando que a todas las personas se les reconociese la dignidad que poseían por el hecho de ser personas y se les tratase con el

---

[18] Leopold, A. *Una ética de la Tierra*, p. 180.
[19] Ibidem.

respeto que merecían. Así se lee en san Pablo: «Por lo tanto, ya no hay judío ni pagano, esclavo ni hombre libre, varón ni mujer, porque todos vosotros no sois más que uno en Cristo Jesús» (Gal 3,28). En los últimos tiempos, toca al cristiano unirse a sus muchos conciudadanos que se enfrentan a un nuevo desafío, el ambiental, haciendo así explícito lo que en el pasado había quedado más bien implícito: el valor en sí que tienen todas las criaturas, en cuanto creadas por Dios.

De hecho, el mencionado grupo RESPECC ha interpretado que, por medio de documentos como esa encíclica de Francisco, los líderes religiosos y las organizaciones y redes de creyentes han asumido de forma global el reto de comprometerse explícitamente con la conservación medioambiental. Lo cual, como vamos a ver a continuación, es además una cuestión de justicia social, como desarrolla especialmente la encíclica.

V.
SOLIDARIDAD

Fotografía de Dorothea Lange, "Mother Migrant" ("La madre migrante", 1936). Lange fue contratada por la *Farm Security Administration* de los Estados Unidos, para documentar las consecuencias de la Gran Depresión. Esta foto se convirtió en un icono de la emigración de cientos de miles de personas hacia California, muchas de ellas huyendo de los desastres ambientales y sociales causados por el ya citado *Dust Bowl*. Foto: Wikimedia.

En 2018, la ONG *Conservation International* promovió una serie de videos breves muy impactantes. En uno de ellos, *La naturaleza nos habla*, la Madre naturaleza nos recuerda que ha existido desde hace miles de millones de años, que su larga y accidentada historia demuestra que no nos necesita y que, por mucho que hagamos en su perjuicio, podrá reinventarse, pues siempre está preparada para evolucionar. Pero lo que hagamos sí afectará profundamente al destino de la humanidad. Como afirmó Hans Jonas, sería irresponsable «edificar nuestro futuro» sobre la suposición «de que el hombre puede adaptarse a cualquier cosa»[1]. Resulta por ello

---

[1] Jonas, H. *El principio de responsabilidad: ensayo de una ética para la civilización tecnológica*, Herder, Barcelona 1995 p. 203.

curioso que cuando el papa Francisco publicó *Laudato si'* algunos cristianos se sorprendieran de que la cabeza de la Iglesia católica hablara sobre temas ambientales. Su perplejidad deriva probablemente de que no entendían que los problemas ambientales son inseparables de los morales y sociales y que, por ello, la Iglesia no puede dejar de tratarlos. No para hacer o validar ciencia, sino para alimentar y promover en los fieles una respuesta moral personal al avance de nuestros conocimientos científicos.

Desde que la comunidad científica empezó a avisar de los problemas que se estaban generando, los papas no han dejado de hablar de ellos. Pablo VI, por ejemplo, hace ya más de 50 años —antes de la Conferencia de las Naciones Unidas sobre el Medio Humano (Estocolmo 1972), la primera gran conferencia mundial sobre el medioambiente—, explicó uno de los motivos por los que la Iglesia debía ocuparse de estos temas: el ser humano, dice, «debido a una explotación inconsiderada de la naturaleza, corre el riesgo de destruirla y de ser a su vez víctima de esta degradación. No sólo el ambiente físico constituye una amenaza permanente: contaminaciones y desechos, nuevas enfermedades, poder destructor absoluto; es el propio consorcio humano el que la persona no domina ya, creando de esta manera para el mañana un ambiente que podría resultarle intolerable. Problema social de envergadura que incumbe a la familia humana toda entera»[2].

Como se ve, ese papa y sus colaboradores eran ya muy conscientes de que la degradación ambiental conlleva la aparición de nuevos problemas humanos y sociales, en el presente y para el futuro. Y este es un motivo más para que la Iglesia intervenga en la cuestión ambiental proponiendo su visión. Así lo afirmó también Benedicto XVI, cuando dijo que «la Iglesia tiene una responsabilidad respecto a la creación y se siente en el deber de ejercerla también en el ámbito público, para defender la tierra, el agua y el aire, dones de Dios Creador para todos, y sobre todo para proteger al hombre frente al peligro de la destrucción de sí mismo»[3].

Esta doble sensibilidad moral (social y ambiental) aparece ricamente articulada a lo largo de toda la encíclica *Laudato si'*, pues, como dice

---

[2] Pablo VI, *Octogesima Adveniens*, 1971, n. 21.
[3] Benedicto XVI, Mensaje para la celebración de la XLIII Jornada mundial de la paz, 1 de enero de 2010, n. 12.

el papa Francisco, «un verdadero planteo ecológico se convierte siempre en un planteo social, que debe integrar la justicia en las discusiones sobre el ambiente, para escuchar tanto el clamor de la tierra como el clamor de los pobres»[4].

En algunos ambientes y momentos históricos se ha tendido a pensar en la cuestión ambiental de un modo reductivo, considerando sobre todo el impacto que la actividad humana tiene sobre la naturaleza no humana, subrayando, por ejemplo, la pérdida de biodiversidad. Examinar este impacto es sin duda importante, pero puede dejar indiferente a quien no sea sensible al bien, el valor y la belleza que la biodiversidad conlleva. Nos parece por ello conveniente insistir también en que los problemas ambientales son asimismo problemas humanos y sociales[5], que aparecen —por decirlo desde una perspectiva cristiana— cuando alguien, ejerciendo un dominio arbitrario, «en

---

[4] Francisco, *Laudato si'*, n. 49.

[5] Cfr. López-Cortacans, G. "La encíclica social Laudato si' como respuesta radical para la ruptura del círculo vicioso de la pobreza y enfermedad", *Salmanticensis*, 68 (2021), p. 509-538; F. Chica Arellano, "Reflexiones en torno al capítulo quinto de la encíclica del Santo Padre Francisco Laudato si'", *Salmanticensis*, 63 (2016), p. 389-412.

vez de desempeñar su papel de colaborador de Dios en la obra de la creación, (…) suplanta a Dios y con ello provoca la rebelión de la naturaleza, más bien tiranizada que gobernada por él»[6]. A ello hemos ya hecho mención anteriormente, a propósito de los primeros capítulos del *Génesis*.

Los diversos modos en que esta «rebelión de la naturaleza» impacta socialmente están ligados con actividades del propio ser humano. Esta conexión se puede ver por ejemplo en el cambio climático, la contaminación, el empleo o abuso de fertilizantes y pesticidas, los excesos de la urbanización y los niveles de ruido, el empobrecimiento o pérdida de hábitats naturales y de los suelos de cultivo o ganaderos, la sobrepesca, los incendios forestales o las llamadas *zoonosis* (enfermedades infecciosas que han pasado de un animal a humanos). En los últimos decenios, por todo ello, se está promoviendo la llamada *One Health* ("Una salud"), un enfoque que subraya la estrecha conexión entre salud humana, animal y ambiental, mostrando la gran repercusión que tiene sobre la humanidad

---

[6] Juan Pablo II, *Centessimus annus*, n. 37.

lo que les sucede al ambiente y a los animales. Especialmente, como veremos después, sobre las personas más vulnerables.

Incluso quien se muestre bastante escéptico ante las advertencias de los científicos o ante las respuestas políticas e institucionales que suscitan, debería al menos sentirse llamado a la prudencia, por respeto hacia los millones de personas que podrían tener que emigrar como consecuencia del agravamiento previsto de las sequías y otros fenómenos climáticos extremos, la elevación del nivel de los océanos o el deterioro de las tierras donde viven. Es muy razonable, a este respecto, la afirmación de Hans Jonas —después recogida en la Declaración de Río de 1992— de que en estos temas más vale pasarse de catastrofistas que de optimistas, pues «si bien en las cosas pequeñas uno puede permitirse muchos yerros con vistas a una oportunidad más rara de éxito, en los grandes asuntos solo puede permitirse pocos yerros, y en los muy grandes, irreversibles, que llegan hasta las raíces de la entera empresa humana, propiamente no puede permitirse ninguno»[7].

---

[7] Jonas, H. *El principio de responsabilidad*, p. 71.

Esto es lo que el papa Francisco ha llamado «principio precautorio»[8].

Si queremos evitar la «rebelión de la naturaleza» cuando es «tiranizada», por seguir usando las expresiones usadas por Juan Pablo II, parece inevitable confrontarse con lo que se suele llamar «sociedad del bienestar». Es evidente que este tipo de sociedad ofrece innumerables beneficios, haciendo que muchos gocen de una buena calidad de vida: vivienda digna, atención médica, aumento de la esperanza de vida, acceso a la educación en todos sus niveles, seguridad ciudadana y alimentaria, ayudas al desempleo, atención a los discapacitados y a los ancianos, etc. Son unos logros asombrosos, que no se deberían pasar por alto ni darse por descontados. Ahora bien, en esa sociedad no todas las personas se sienten igualmente protegidas por el Estado y con las mismas oportunidades, ni todas gozan de medios suficientes para vivir con dignidad. En un país rico puede haber mucha pobreza, pues el progreso socioeconómico no redunda siempre en beneficio de todos los ciudadanos.

---

[8] Francisco, *Laudato si'*, n. 186

En relación con la sostenibilidad, en este tipo de sociedades se agudizan los problemas cuando el "bien-estar" se entiende desde esa corrosiva enfermedad del espíritu y de la tierra que es el consumismo, con su exaltación de lo instantáneo, lo superfluo y los excesos. Cuando nos dejamos arrastrar por esa corriente, podemos llegar a silenciar nuestra conciencia, volviéndonos despreocupados de lo que sucede a la tierra y a las personas que sufren los efectos de nuestro consumo excesivo. Hemos de reconocer que la cultura contemporánea, pese a defender de palabra el ideal de la fraternidad universal, hace fácilmente olvidar las consecuencias negativas que sobre otras personas pueden tener nuestras elecciones, pues fomenta el deseo de adquirir todo lo que se desea sin querer reparar en los posibles daños causados o existentes.

Para concretar los deseos de ser responsables y solidarios, hay que tener en cuenta dos direcciones: la solidaridad intergeneracional (pensando en las generaciones futuras) y la intragerneracional (entre las sociedades del bienestar y los países en vía de desarrollo, o —en una misma sociedad— entre personas ricas y satisfechas y otras necesitadas).

La sostenibilidad intergeneracional la vive quien se preocupa de las personas que vendrán después y procura entregarles «una tierra que también ellas a su vez podrán habitar dignamente y seguir cultivando»[9]. Sería una gran falta de responsabilidad que fuesen nuestros descendientes los que pagasen por nuestros excesos. Haríamos justo lo contrario de lo que hicieron todos esos abuelos que plantaron olivos para beneficio de sus nietos. Sostener que las nuevas tecnologías del futuro resolverán todos los problemas que irán apareciendo, justificando así el mantener esa conducta potencialmente dañosa a la que no se quiere renunciar, es una excusa que deja tranquilo solo a quien piensa principalmente en su propio beneficio y siente una cierta indiferencia moral hacia los que vendrán después.

Por todo ello, Pablo VI, con ocasión de una Jornada del Medio Ambiente, animó a los católicos a que un evento de ese tipo fuera una ocasión «para renovar nuestro empeño en la tarea de preservar, mejorar y entregar a las generaciones futuras un ambiente sano, en el que

---

[9] Benedicto XVI, Audiencia general, 26 de agosto de 2009.

cada persona se encuentre realmente como en su casa»[10]; un ambiente que sea reflejo de ese lugar en el que el creyente piensa que el Creador ha querido que vivamos, y que ha confiado a nuestras manos para que lo cuidemos y lo transmitamos enriquecido a nuestros descendientes, de tal modo que puedan seguir considerándolo su hogar.

La solidaridad intragCeneracional, por su parte, mueve a evitar los daños en el presente a las personas más vulnerables. Una mirada abierta a sus problemas permite reconocer cuándo les desatendemos, pudiéndoles ayudar, o cuándo nuestras actividades causan graves heridas al ambiente y, por tanto, tienen consecuencias negativas sobre el bienestar o la salud de personas que viven allí.

Todos dependemos de la tierra para vivir, y por tanto cualquier mal que provoquemos en la naturaleza se hará presente de algún modo en la vida de cada persona. Pero lo sufrirán sobre todo las personas que viven en una dependencia más directa de la naturaleza, los pobres y

---

[10] Pablo VI, Mensaje con ocasión de la V Jornada mundial del medio ambiente, 5 junio 1977.

abandonados de tantos suburbios y los que tienen puestos de trabajo insalubres. Estos «son la mayor parte del planeta, miles de millones de personas», pero, «de hecho, a la hora de la actuación concreta, quedan frecuentemente en el último lugar»[11]. Se crearían sociedades más justas si al tomar decisiones se tuvieran más presentes las necesidades de esas personas, pero es más cómodo ignorarlas. Una sociedad del bienestar que está gobernada, controlada o representada por conciencias sensibles, busca que todos estemos bien; no vive indiferente ante la pobreza, los conflictos que surgen por el control de los recursos o los desastres naturales que hubieran sido evitables.

Es ahora más que nunca necesario que esta preocupación por el bien común —el bien de cada una de las personas de la sociedad— esté muy presente en nuestras decisiones personales de consumo y en el modo de vivir. En esto, todos tenemos mucho que aprender de esas culturas que a veces consideramos poco civilizadas, aunque vivan de un modo ejemplar la responsabilidad y solidaridad con todos los miembros

---

[11] Francisco, *Laudato si'*, n. 49.

de la comunidad, como hemos visto en el caso de Lazabo, el cazador de elefantes, o de Yacouba, el agricultor burkinés. Pero no hay que irse tan lejos para encontrar bellos ejemplos de los que aprender, que, por pequeños que parezcan frente a las necesidades globales, ofrecen la semilla de un cambio de mentalidad. En algunos pueblos de Navarra y el País Vasco, por ejemplo, sigue la costumbre del *auzolan* (una expresión en euskera que significa "trabajo vecinal"), como puede ser la limpieza o el mantenimiento de un espacio común o la organización de un evento, todo ello vivido de modo voluntario. En muchos otros lugares del mundo existen tradiciones semejantes. Por ejemplo, Minga (Chile), Gotong Royong (Indonesia y Malasia), Harambee (Kenia y África Oriental), Barn Raising (Estados Unidos y Canadá), Ubuntu (África Subsahariana), Ujamaa (Tanzania), Meitheal (Irlanda) y Mutirão (Brasil).

Que la tierra es de todos, es una afirmación que suele ser acogida sin discusión: nadie sensato admitiría que alguna exclusión sea legítima. Pero es muy fácil que después esos altos ideales no se vivan en la práctica. Esto es lo que sucede cuando levantamos muros o cerramos fronteras indiscriminadamente. Es evidente que la cuestión de la inmigración es muy compleja, pero no hay que olvidar que algunas personas han tenido que huir de sus lugares de origen porque ya no son habitables. Sería cuanto menos curioso que los dirigentes que impiden estos flujos migratorios fuesen a su vez descendientes de inmigrantes, que en épocas más lejanas tuvieron que marchar lejos de sus lugares de origen huyendo de la miseria o de la persecución. Podemos intentar tranquilizar nuestra conciencia diciéndonos que lo que habría que hacer es lograr que esas personas puedan seguir viviendo en sus lugares de origen. Esto es verdad, y es además lo que ellos mismos hubieran querido, pues nadie se mete con sus hijos en una patera para cruzar el Mediterráneo, si hubiera podido evitarlo.

El mejor modo de colaborar en que se eviten estas migraciones forzosas es escuchar el clamor de la tierra herida y desear de verdad que nadie pague el costo de nuestro modo caprichoso, superficial o insolidario de vivir. Aunque lo mejor sería curar toda tierra herida, por desgracia no estará en nuestras manos detener muchos de los problemas. Pero al menos podemos responder con solidaridad a los que en el día a día tenemos frente a nosotros, en un trabajo comunitario, con una ayuda económica o en una iniciativa social de voluntariado, esperando cambiar poco a poco (o rápido) nuestro corazón y favorecer que muchas otras personas (¡todas!) decidan hacer lo mismo.

En este ámbito, el cristianismo tiene mucho que aportar a la cultura socioambiental. Como dijo Juan Pablo II, «si falta el sentido del valor de la persona y de la vida humana, aumenta el desinterés por los demás y por la tierra»[12]. El cristianismo subraya siempre con fuerza que la vida de cualquier persona, independientemente de sus creencias, raza o religión, tiene una dignidad absoluta; y que la tierra ha sido creada por Dios para todos. En palabras de Pablo VI, «nadie puede apropiarse de modo absoluto y egoísta el medioambiente que no es una *res nullius* —la propiedad de nadie— sino la *res omnium*, un patrimonio de la humanidad, de tal forma que los propietarios —privados o públicos— deben ordenar su uso para un bien

---

[12] Juan Pablo II, Mensaje para la XXIII Jornada mundial de la paz, 1 de enero de 1990, n. 13.

entendido beneficio de todos»[13]. El hecho de que a veces se trate de propiedades privadas no conlleva que se pueda moralmente hacer en ellas lo que se quiera, por un principio fundamental de la ética, que es la subordinación de la propiedad privada al destino universal de los bienes. Un principio que está muy presente en la moral católica: «Dios ha dado la tierra a todo el género humano para que ella sustente a todos sus habitantes, sin excluir a nadie ni privilegiar a ninguno»[14]. «Ni privilegiar…», se dice: no es poca exigencia para quien se descubre disfrutando cualquier tipo de privilegio. La tierra es lo más común que tenemos y nadie tiene derecho de infligirle daños graves e innecesarios ni de apropiarse de ella en exclusividad, y menos aún a costa de la vida, la salud o el bienestar de otras personas.

Es por ello éticamente relevante preguntarse siempre si la explotación de los recursos naturales, como el agua y los bosques, se hace solo para el beneficio de algunas personas, perjudicando a muchas otras. E incluso, por poner un

---

[13] Pablo VI, Mensaje a la Conferencia de las Naciones Unidas sobre el medio ambiente, 1 de junio de 1972.
[14] Juan Pablo II, *Centesimus annus*, n. 31.

ejemplo que tiene directamente que ver con la sensibilidad ecológica actual, si un determinado voluntariado ambiental o un ecoturismo está contribuyendo o no a la conservación de los espacios naturales y beneficia a las personas que viven en esos entornos. Aunque el ecoturismo se presente como una alternativa sostenible al turismo tradicional, sus efectos ambientales pueden ser negativos, si no se gestiona bien. Por ejemplo, cuando dirige hacia un lugar a más visitantes que los recomendables para asegurar la conservación de unas áreas naturales y la paz de los que en ellas viven.

Pese a que todo tiene sus pros y contras, resulta poco creíble pensar que la responsabilidad ambiental no exige cambios —progresivos, pero urgentes— en nuestro modo de vivir. Cuando no tenemos presentes las exigencias de la solidaridad y seguimos descuidando el medioambiente, despreocupados de quienes sufren o sufrirán las consecuencias de nuestra falta de responsabilidad, caemos en lo que el papa Francisco llama «globalización de la indiferencia»[15]. Para evitarlo, y vivir en solidaridad

---

[15] Francisco, *Laudato si'*, n. 52.

y fraternidad con todas las personas del futuro y del presente, ayuda aceptar una concepción antropológica fuerte, en la que cada persona sea vista como un valor absoluto, al que vale la pena cuidar.

Escuchar la llamada a elevar, servir y cultivar —cuidar— todos los valores naturales es en definitiva un modo de manifestar un interés concreto por las demás personas. Pero tratar de superar las situaciones de injusticia y promover la «globalización del cuidado» es, además, como vamos a ver a continuación, un modo excelente de llevar la propia vida a plenitud.

VI.
ESTILOS DE VIDA

American Progress, de John Gast (1872). Es una representación alegórica de la conquista del Oeste. Columbia, personificación de los Estados Unidos de América, guía a los nuevos colonos para que puedan llevar la luz de la civilización a esos lugares que están todavía en medio de las tinieblas, en los que habría solo una vida "salvaje". Foto: Wikimedia.

Quien haya estado en San Francisco, California, habrá pensado quizá en las muchas posibilidades de recreo y aprovechamiento que ofrece su inmensa bahía. Puesto que en otras partes del mundo los lugares así se suelen aprovechar también para pescar, llama la atención saber que en esa zona no se puede desarrollar una actividad pesquera comercial. El motivo es sorprendente para quien no está familiarizado con los problemas ambientales: la presencia de una excesiva concentración de mercurio, acumulado como consecuencia de su empleo minero durante la «fiebre del oro» que se dio en el Norte de California, en la segunda mitad del siglo XIX.

Los que en aquella época vertieron tantas toneladas de mercurio en los ríos que fluían hacia la bahía no podían ser conscientes de los efectos que sus acciones iban a tener. De todos modos, a quien está enfermo de ese tipo de fiebre no le suelen importar mucho los daños que sus acciones producen sobre otras personas o el entorno. Prueba de ello es lo que le sucedió a John Sutter, en cuyas tierras aparecieron las primeras pepitas de oro: lo que podía haber sido una fortuna se convirtió en el origen de una tragedia personal y familiar, pues tres de sus hijos, que habían llegado a California desde Suiza, perdieron la vida a causa de la violencia de los nuevos colonos[1].

En la sociedad en la que vivimos, muchos de los efectos negativos que derivan del buscar sustento y bienestar se suelen dar de un modo discreto, tanto que en ocasiones pueden pasar desapercibidos. Por ello, es bueno recordar, como dijo Benedicto XVI, que «comprar es siempre un acto moral, y no solo económico»[2]. Llenar el depósito del coche está en relación con lo que sucede a miles de kilómetros de distancia, allí donde se hallan los pozos petrolíferos, se fabrica el coche o llegan los efectos de

---

[1] Se puede encontrar su propia narración de los eventos en Gen. John A. Sutter, *The Discovery of Gold in California*, http://www.sfmuseum.org/hist2/gold.html
[2] Benedicto XVI, *Caritas in veritate*, n. 66.

las emisiones del combustible que se usa; calentar el agua más allá de lo razonable puede ser un modo de financiar —euro a euro— una guerra en la que está involucrado el país al que se compra el gas; comprar una determinada ropa puede promover explotación laboral y contaminación ambiental en los lugares menos desarrollados donde se elabora; y cambiar innecesariamente de móvil puede ser un modo de favorecer conflictos en países con muchas reservas de los minerales empleados en su fabricación, como ha sucedido en la R. D. del Congo. Cuando compramos productos naturales o sus derivados, quizá no podemos hacer un análisis detallado del lugar de donde proceden y las condiciones laborales y ambientales en los que se han obtenido. Pero eso no quita que a veces causemos daño inadvertidamente. Por ello, son hoy muchas las personas e instituciones que reclaman que los productos tengan etiquetas de trazabilidad, que informen de las condiciones en las que fueron elaborados.

En el párrafo anterior hemos usado varias veces la expresión "puede", porque no pretendemos hacer un juicio de valor sobre el vínculo entre un pequeño consumo personal y los efectos globales. Pero sí queremos al menos señalar que se da una cierta conexión causa-efecto, que invita a cada uno a la reflexión moral. En tiempos anteriores, la actividad humana tenía un alcance y unos efectos locales, pero, con la llegada de la globalización, puede darse más frecuentemente que el beneficio de algunos se consiga al precio de causar daños a personas y ambientes muy alejados, o de ignorar sus necesidades.

Debemos reconocer que hoy día incluso con buena voluntad y siendo conscientes de los daños ambientales y sociales que se vienen señalando, no siempre logramos orientar coherentemente nuestro modo de vivir, por razones que van más allá de la presión del consumismo, abordada en el capítulo anterior. Como hemos señalado ya al inicio de esta obra, pueden ser muy variados los motivos que nos podrían impulsar a no tomarnos en serio los problemas medioambientales. Ahora querríamos añadir otro: uno se puede preguntar para qué sirve cambiar la propia conducta (consumir menos, donar los ahorros así generados a gente necesitada, usar transporte público, comprar productos ecológicos y de comercio justo, mantener la casa a una temperatura ni excesivamente cálida ni excesivamente refrigerada, etc.) si ese pequeño cambio personal no va a mejorar las cosas a escala global.

A estas personas se les podría invitar a considerar, como dijo E. F. Schumacher, que «lo pequeño es hermoso»[3]. Aunque una compra concreta contribuya ínfimamente al efecto positivo global, millones de repeticiones de un gesto minúsculo puede tener grandes efectos. La generalización de pequeños pasos personales aparentemente irrelevantes fomenta las transformaciones sociales. *Mary's Meals*, premio Princesa de Asturias de la Concordia 2023 por asegurar comidas a niños hambrientos en su lugar de educación —en algunas de las comunidades más pobres del mundo— anunciaba en septiembre de 2024 que estaban sirviendo ya a más de 2 400 000 niños cada día, y que sólo cuesta 22 € proporcionar comida a cada uno durante todo un curso escolar[4]. La suma de pequeñas donaciones puede hacer que muchos niños no crezcan malnutridos o incluso

---

[3] Este es el título de su libro más famoso, que fue un auténtico bestseller.

[4] Cfr. https://www.marysmeals.es/

no mueran de hambre, y puedan recibir además una mejor educación. Mejorar uno mismo no transformará el mundo entero, pero no olvidemos algo que fácilmente pasa desapercibido: al menos cambio yo a mejor. Esta dimensión personal —que ya en el prólogo hemos dicho que sería una de las claves del libro— nos afecta decisivamente y es la que más está en las manos de cada uno decidir. El cristiano es además consciente de que es en esa escala de las pequeñas cosas personales donde mira Dios con más atención. Así lo dan a entender estas palabras de Jesús: «siervo bueno y fiel; puesto que has sido fiel en lo poco, yo te confiaré lo mucho» (Mt 25, 21).

Para favorecer estos pequeños cambios personales habrá que cambiar también muchas dimensiones de nuestra cultura occidental, en especial la difusión de un determinado modelo de desarrollo. Un claro ejemplo de este lo encontramos en la pintura con la que se ha abierto este capítulo: movidos por lo que se llamó el *Destino manifiesto,* se intentó desplazar y arrinconar a los moradores del Oeste Americano, para imponer lo que eran entonces los prolegómenos del estilo de vida hoy día dominante.

Es interesante, a este respecto, examinar también la pintura *Reversing Manifest Destiny* del artista Charles Hilliard, encargada por la *Indian Land Tenure Foundation*. Mas allá de que sea un reclamo del retorno de esas tierras a sus antiguos moradores, esta pintura puede ayudar a reflexionar sobre si en ellos había una mirada y una sabiduría de las que todavía hoy tenemos mucho que aprender.

Un ejemplo de lo que nos pueden enseñar lo encontramos en la gestión de los enormes y descontrolados incendios que en los últimos decenios asolan cada verano Sierra Nevada, en California. De los muchos factores que han conducido a esta compleja situación, uno poco conocido es que, lo que ahora sucede, tiene parte de sus orígenes en la implantación en América de concepciones sobre la explotación de los bosques importadas de escuelas forestales europeas, sin tener en cuenta los rasgos ecológicos de las sierras californianas y las actividades de los nativos americanos que en ellas vivían en un equilibrio estable.

En esas sierras, los veranos secos facilitan que los rayos de las tormentas ocasionales provoquen fuegos de manera natural. Si esto sucede de forma habitual, los bosques van ardiendo aleatoriamente en incendios esparcidos en el tiempo por todo el espacio forestal, y de este modo se limita por sí misma la extensión de los futuros incendios, que se frenan al llegar a una zona con menos combustible, por haberse quemado poco tiempo antes.

Los nativos americanos que poblaban Sierra Nevada sabían que, tras los incendios, aparecían con el tiempo unas condiciones que favorecían su modo de vida: se aclaraban los espacios forestales de modo que surgían plantas que ellos empleaban y pastos que atraían a los herbívoros que cazaban. Así que ellos mismos comenzaron a usar el fuego de un modo análogo al que provocaban los rayos.

La mirada de los nuevos pobladores "civilizados", en cambio, veía el fuego como una doble amenaza: a la seguridad de las personas y a la producción de madera. Su experiencia importada desde Europa —por lo general, de bosques muchos más húmedos que los de California— les decía que, cuanto más denso fuera el bosque y hubiera más árboles de grandes dimensiones, más provecho maderero se sacaría de él. Por ello, se acabó prohibiendo el empleo del fuego como modo de gestión forestal y se puso gran empeño en extinguir cuanto antes los incendios provocados naturalmente. Las consecuencias negativas de esas medidas comenzaron poco a poco a aparecer cada vez con más con claridad, hasta el punto de que hoy día aquella supresión de los incendios, sin sustituir sus efectos ecológicos por una gestión forestal adecuada, es un determinante de primer orden para explicar la acumulación masiva por toda la Sierra de material combustible que alimenta la virulencia de los fuegos actuales. Detrás de ellos, vemos asomar de nuevo el conflicto entre el valor (en sí) y el provecho (para nosotros), agravado por la falta de un conocimiento adecuado de la tierra en la que se vive.

Todo hubiera sido muy distinto si se hubiera aprendido de la sabiduría de los nativos, que la habían obtenido de la observación de la tierra misma. Por supuesto, no pretendemos decir que debamos volver al estilo de vida de los pobladores de Sierra Nevada antes de la llegada de los colonizadores occidentales. Pero sí parece necesario aprender a escuchar la sabiduría de la tierra y de las culturas que la atesoran, con una nueva mirada, más atenta, conciliadora y humilde. Esto es lo que procura, por ejemplo, el grado de "Restauración de ecosistemas y manejo aplicado del fuego" que se ofrece en el *Feather River College* de Quincy, California, en el seno de Sierra Nevada. De sus profesores hemos aprendido lo que aquí se acaba de plantear. Nos impresionó especialmente saber que uno de ellos, Jon Dvorak, procura contar con la presencia de descendientes de los nativos, para que aporten lo que de sus mayores hayan aprendido en torno a su cultura del fuego. De este modo, estos científicos expertos en gestión forestal no se apropian esta sabiduría ancestral sin reconocer y respetar al pueblo que la hizo vida.

Este ejemplo californiano muestra solo una entre las muchas cosas que habría que cambiar si queremos cuidar la tierra. Pero lo que se necesita es sobre todo ese cambio más de raíz al que apuntaba Juan Pablo II cuando dijo que «la sociedad actual no hallará una solución al problema ecológico si no revisa seriamente su estilo de vida»[5]. La tierra herida reclama un compromiso radical que se manifieste en la vida de cada

---

[5] Juan Pablo II, Mensaje para XXIII Jornada mundial de la paz, 1 de enero de 1990, n. 13.

uno. Descender a esta escala personal no es simplemente albergar un deseo de que alguien haga algo, sino empezar por uno mismo, configurando cada uno su vida de acuerdo con sus propios ideales. Solo si somos muchas las personas que cambiamos los hábitos, se pueden dar transformaciones culturales, legales y estructurales con grandes efectos globales. El destino del mundo está en nuestras manos.

Una de las claves para fomentar el cambio de estilos de vida es la educación, que a este respecto debería repensarse sobre todo en las sociedades poderosas y consumistas, de las que más depende lo que sucede al ambiente y a las personas más vulnerables.

¿Cuáles deberían ser los puntos fuertes de esta educación? Es ciertamente necesario cambiar costumbres nocivas concretas, como la de tirar desperdicios al suelo. Pero también, y más fundamentalmente, que todos descubramos cada vez más el valor y la belleza de lo que nos rodea, y quedar así crecientemente dispuestos a abrazar la responsabilidad de cuidarlo.

Como en muchos otros aspectos, seguramente el lugar primordial de esta educación ambiental y solidaria es la familia, pues es allí donde primero se aprende —o no— a vivir de un modo desprendido y respetuoso, cuidando a las personas, los animales, las plantas e incluso los suelos y las paredes de la casa. En la familia se pueden ir también aprendiendo comportamientos relevantes, que introducen a la cultura del cuidado ambiental. Algunos ejemplos que señalaba el papa Francisco son «evitar el uso de material plástico y de papel, reducir el consumo de agua, separar los residuos, cocinar sólo lo que razonablemente se podrá comer, tratar con cuidado a los demás seres vivos, utilizar transporte público o compartir un mismo vehículo entre varias personas, plantar árboles, apagar las luces innecesarias»[6]. Ciertamente, al educador no le debería interesar solo la materialidad de estos cumplimientos de deberes cívicos y ambientales, pues, como seguía diciendo el papa, «todo esto es parte de una generosa y digna creatividad, que muestra lo mejor del ser humano. El hecho de reutilizar algo en lugar de desecharlo rápidamente, a partir de profundas motivaciones, puede ser un acto de amor que exprese

---

[6] Francisco, *Laudato si'*, n. 211.

nuestra propia dignidad»[7]. En el fondo, como veremos, es fundamentalmente una cuestión de amor.

Es también en la familia donde primero se aprende uno a preocuparse por las necesidades de los demás y a cuidar nuestra relación con ellos. Como decía también Francisco, en ella «se aprende a pedir permiso sin avasallar, a decir "gracias" como expresión de una sentida valoración de las cosas que recibimos, a dominar la agresividad o la voracidad, y a pedir perdón cuando hacemos algún daño. Estos pequeños gestos de sincera cortesía ayudan a construir una cultura de la vida compartida y del respeto a lo que nos rodea»[8]. Como sabemos, es en las familias donde mejor se pueden educar los corazones. En ellas, por tanto, podemos aprender como en ningún otro lugar a comprometernos en el respeto y el cuidado del mundo natural y de las personas.

Cambiar de estilo de vida es un proceso sin fin, en el que se va aprendiendo y haciendo vida todo lo que se ha ido tratando en los capítulos

---

[7] Ibidem.
[8] Ídem, n. 213.

anteriores: abrirse al valor de lo otro y respetar su modo de ser; mirar con profundidad, para descubrir lo que las cosas son en sí mismas; trabajar al servicio de la armonía delicada de la naturaleza, en la que todo conecta; reconocer con humildad y magnanimidad el lugar que nos corresponde en medio del mundo; ser solidarios con las personas más vulnerables y con la tierra misma. En una palabra, se aprende a cuidar, transformándonos nosotros mismos en personas cuidadosas.

En una sociedad que, como ya hemos dicho, a veces arrastra hacia el consumismo y la globalización de la indiferencia, este camino de transformación no es fácil, y menos si contamos solo con nuestras fuerzas. Podríamos estar plenamente convencidos de que vale la pena cuidar el medioambiente, pero nuestra buena voluntad podría ceder ante cantos de sirenas que apartan del rumbo deseado. Por ello, para vivir de un modo nuevo —pasar a la práctica y cambiar los hábitos— hace falta algo más que reconocer los problemas y aplicar un esfuerzo voluntarioso. Pero ¿qué podría ser este "algo más"?

Se podría pensar que el respeto a lo natural se logrará a través de la imposición política o social de la obediencia a normas establecidas: "Hay que hacer tal cosa", "No hay que hacer tal otra". Pero la presión externa es insuficiente e incluso perjudicial para que cada persona se comprometa con libertad. Además, sabemos por experiencia que ese tipo de control no suele ser eficaz, pues, cuando no hay motivos personalmente convincentes para respetar las reglas, es fácil que no se cumplan si no hay nadie obligando. Las normas son inútiles cuando faltan la voluntad de obedecerlas, las fuerzas para hacerlo o la autoridad para hacerlas cumplir. Además, el esplendor humano se expresa en la libertad. Las normas justas difícilmente serán eficaces si no son cumplidas desde la libertad.

El mero esfuerzo voluntarioso o la imposición externa sirven de poco —y con frecuencia son contraproducentes— si no cambia libremente algo más profundo, dentro de las personas. Para ser coherentes con los valores ambientales y sociales que señalamos, es indispensable adquirir las virtudes: «sólo a partir del cultivo de sólidas virtudes es posible la donación de sí en un compromiso ecológico»[9]. Un comportamiento es estable solamente cuando el deseo y la determinación de hacer algo van quedando más y más reforzados por unas disposiciones personales eficaces, que mueven a obrar bien de modo habitual. Y esto son las virtudes. En definitiva, para hacer realidad una ética del cuidado, «la austeridad, la templanza, la autodisciplina y el espíritu de sacrificio deben conformar la vida de cada día a fin de que la mayoría no tenga que sufrir las consecuencias negativas de la negligencia de unos pocos»[10].

Ahora bien, ¿cómo se adquieren estas virtudes? No es nuestro cometido abordarlo de lleno, pero sí nos atrevemos a proponer un rumbo educativo.

Un camino que podrá seguir la educación ambiental y solidaria, para que sea efectiva y profunda, es ayudar a pensar si el camino hacia la felicidad y la alegría —la vida plena— no se encontrará más fácilmente «escogiendo por convicción» una vida sencilla y austera. «Escogiendo y por convicción»: ahí está una doble

---

[9] Francisco, *Laudato si'*, n. 211.
[10] Juan Pablo II, Mensaje para la XXIII Jornada mundial de la paz, 1 de enero de 1990, n. 13.

clave de la educación. No se trata de proponer la renuncia por sí misma, sino de elegir una renuncia que favorezca y exprese un amor convencido y alegre, lleno de sentido.

¿De dónde nace la convicción profunda de que vale la pena un cambio radical de estilo de vida? A veces su origen está en la insatisfacción que puede sentir el que se cansa de anhelar siempre más, en medio de la ansiedad consumista, y busca alternativas. Otras veces mueve a ello el deseo de que nada ni nadie tenga que sufrir daños innecesarios —o verse privado de bienes necesarios— por culpa de nuestro modo irresponsable de vivir. En cualquier caso, sea lo que sea lo que mueve a buscar un estilo de vida más sencillo, este exigente empeño se le hace cada vez más amable a un corazón que se va enamorando de las nuevas bondades y bellezas que empieza a descubrir, al ir experimentando la fuerza, reposo y contento de amar que llega con ellas. En cambio, cuando nos movemos por el voluntarista "deber" o "tener que", nuestro empeño se puede ver como un sinsentido o una exigencia inasequible; y entonces es fácil que se vuelva de nuevo a la simple búsqueda de la propia satisfacción.

En definitiva, para que la sensibilidad ambiental sea estable y produzca frutos maduros, uno tiene que convencerse de que vivir "la buena vida" y disfrutarla requiere ayudar a quien nos necesita y no destruir lo bello y bueno que tenemos a nuestro alrededor; y así ir acumulando experiencia de que el libre compromiso de cuidar el medioambiente y las personas proporciona una satisfacción incomparablemente más plena que las pequeñas recompensas que ofrece el consumismo egocéntrico. Cambiar nuestros corazones no es un deber al que nos enfrentamos solos, con nuestras escasas energías morales, sino un regalo que se nos ofrece a través de la tierra herida, gracias al cual nuestro corazón va sanando de sus propias heridas y puede estar cada vez más a la altura del reto de cuidar la tierra y sus habitantes. De ello nos ocuparemos a continuación.

VII.
EL AMOR QUE TODO LO MUEVE

Aldo Leopold (1887-1948) cazando con arco en Chihuahua, México, en 1938. Es una figura clave del pensamiento ambientalista, sobre todo gracias a su obra *A Sand County Almanac* (que integra su famoso ensayo *Una ética de la tierra*), en la que anima a pensar «en la tierra como en una comunidad a la que pertenecemos», para poder «empezar a usarla con amor y respeto». Foto: Wikimedia.

Los que hemos crecido viendo los documentales de Félix Rodríguez de la Fuente, recordamos bien la especial sintonía que tuvo con los lobos. Él mismo explicó que todo comenzó siendo aún niño, el día que por primera vez le permitieron estar presente en una batida de caza y tuvo la oportunidad de mirar a los ojos a un magnífico ejemplar de lobo[1]. Desde entonces, ese animal al que se le había enseñado a temer como a un enemigo comenzó a ser percibido de un modo muy distinto.

Curiosamente, un suceso análogo fue contado también por otros dos grandes ambientalistas:

---

[1] Cfr. Varillas, B. *Félix Rodríguez de la Fuente: su vida, mensaje de futuro*, p. 110.

Ernest T. Seton[2] y Aldo Leopold[3]. El impacto que produjo a cada uno de ellos la mirada de un lobo y una loba, respectivamente, impulsó un cambio profundo en sus vidas y, en consecuencia, incontables beneficios en las muchas personas que recibieron su influencia.

Aldo Leopold cuenta que empezaron a cambiar sus convicciones el día en que vio a una loba morir, después de haberle disparado desde lejos. «Llegamos junto a la vieja loba a tiempo para ver un fiero fuego verde muriendo en sus ojos. Entonces observé —y desde entonces lo he sabido siempre— que había algo nuevo para mí en aquellos ojos, algo que solamente sabían ella y la montaña»[4]. En aquellos años, como explicó el propio Leopold, él era solo un joven con ganas de apretar el gatillo, que pensaba ingenuamente que con menos lobos habría más ciervos en el monte y, por tanto, que un lugar

---

[2] Cuenta su historia en *Lobo, el Rey de Currumpaw*, uno de las narraciones que componen su libro *Animales salvajes que he conocido*.

[3] Puig J. y Echarri, F. "Environmentally significant life experiences: the look of a wolf in the lives of Ernest T. Seton, Aldo Leopold and Félix Rodríguez de la Fuente", *Environmental Education Research* 24-5 (2018), p. 678-693.

[4] Leopold, A. *Una ética de la tierra*, n. 138.

en el que se eliminasen los primeros se podría convertir en un paraíso para el cazador de esos ciervos. Pero en esa mirada de la loba comprendió que ni ella ni la montaña —que de algún modo le hablaban en esa mirada— estaban de acuerdo, y poco a poco fue dándose cuenta de lo que para los montes y los bosques puede significar la desaparición de ese depredador que es el lobo: un aumento desmesurado del número de ciervos, que llegan a esquilmar los brotes vegetales más suculentos y dañan así la salud y la capacidad del bosque para regenerarse.

Todo está conectado. Gracias a una mirada de loba, Leopold aprendió que los ecosistemas son más complejos de lo que podía imaginar, que tienen unas leyes y una profundidad muy distintas a las que ve una mirada superficial que solo busca su beneficio y no descubre o no respeta el valor, los modos y tiempos de la naturaleza.

Si también nosotros alcanzásemos esa profundidad atisbada por Leopold, podríamos entrever algo capaz de desencadenar una profunda transformación en nuestra vida, algo que nos deja deslumbrados y puede ser origen de una renovada convicción y modo de vivir.

Experiencias personales como estas han sido muy influyentes en la historia del despertar ambiental del siglo xx. Pero también en otros ámbitos distintos a la naturaleza aparecen vivencias transformadoras similares. Tras una impactante experiencia en el Museo del Louvre, Rilke[5] escribió que la belleza nos pide cambiar de vida. Podríamos añadir que, al mismo tiempo, nos facilita hacerlo[6], pues, al contemplarla, va forjándose una convicción y un impulso por protegerla. Las renuncias que conlleva la custodia de esa belleza dejan de ser percibidas como algo enojoso, arduo, insoportable de llevar; pasan a un segundo plano frente al gozo que se experimenta al contemplarla e interactuar con ella, con respeto y agradecimiento. Pocos lo han expresado con tanta belleza y precisión como Rachel Carson:

Aquellos que moran, tanto científicos como profanos, entre las bellezas y misterios de la tierra nunca están solos o hastiados de la vida.

[5] Rilke, R.M. "Torso de Apolo Arcaico", en R.M. Rilke, *Nuevos Poemas II*, Hiperión, Madrid 1994.
[6] Puig, J., Villarroya, A., Casas, M. "La educación moral ante el reto de la sostenibilidad", *Azafea: Revista de Filosofía*, 21 (2019), p. 181-206.

Cualesquiera que sean las contrariedades o preocupaciones de sus vidas, sus pensamientos pueden encontrar el camino que lleve a la alegría interior y a un renovado entusiasmo por vivir. Aquellos que contemplan la belleza de la tierra encuentran reservas de fuerza que durarán hasta que la vida termine[7].

Aunque todo esto tenga mucho que ver con la experiencia y las emociones, la sensibilidad ambiental no es un mero sentimentalismo pasivo o un esperar a ser iluminados y arrebatados, sino una actitud que se puede cultivar con inteligencia y libertad, en la que la persona, por medio de una búsqueda esperanzada, entiende poco a poco que el mundo es mucho más que su primera apariencia. Autores como Emerson, Thoreau y Muir, en el inicio de la conciencia ambiental occidental, encarnaron esa vía con un singular estilo romántico, muy propio del trascendentalismo[8]. Pero hay muchos otros modos de disponerse a percibir la belleza y el clamor de la tierra herida y a escuchar su

---

[7] Carson, R. *El sentido del asombro*, p. 63.
[8] Cfr. Ramos, A. *¿Por qué la conservación de la naturaleza?*, p. 58-60.

invitación a dejarnos transformar por la fuerza que nos transmite.

El cristianismo también propone a todos una profunda transformación. El primer mensaje de Jesús en su vida pública, tras el arresto de Juan el Bautista (Mt 4, 17), es precisamente la "conversión". Para los cristianos se trata de algo radical y total, pues aspiran a vivir lo que enseña san Pablo en la Epístola a los Filipenses: «Tened los mismos sentimientos de Cristo Jesús». Esto se concreta sobre todo en una nueva relación con las personas: perdonar a los enemigos, rezar por los que les persiguen o calumnian, ofrecer la otra mejilla cuando uno es abofeteado y amar al prójimo como a uno mismo, o mejor: como Cristo les ama. Cosas todas ellas que, a primera vista, podría parecer que nada tienen que ver con el cuidado ambiental. Este es quizá un motivo por el que algunos cristianos no han acogido bien la aparición de la conciencia ambiental y los movimientos ecológicos, viéndolos con escepticismo. No acaban de conectar con el significado transformativo al que invita el despertar de la sensibilidad ambiental, al no darse cuenta de que esta apunta también al núcleo más íntimo de cada persona: el corazón, ese mismo que está llamado a la conversión cristiana.

Para mostrar la conexión entre ambos tipos de transformación —la predicada por Jesús y la ambiental— nos parece conveniente recordar que la llamada cristiana a la conversión fue propuesta por el mismo Jesús que veía más esplendor en los lirios del campo que en las riquezas de las que se vestía Salomón y que hablaba de cómo el Padre alimenta cada pájaro del cielo. Como se ve, el amor de predilección por el ser humano, que llevará a Jesús a dar su vida por él, no entra en conflicto con una sensibilidad respetuosa y admiradora de todas las criaturas. Esos dos amores brotan de un mismo corazón, capaz de respetar e incluso amar a muy diversos tipos de realidades, no solo a las personas. Hablar de amor en nuestra relación con la tierra podría ser percibido como una exageración, pero desterrar esta idea podría ser un error mayor.

Podemos entonces comprender con nueva luz por qué, desde el surgir de los problemas ambientales, los papas han llamado al despertar de una conciencia ambiental. Según Juan Pablo II, la «conciencia» ecológica surgida a lo largo del siglo XX «no debe ser obstaculizada, sino más bien favorecida, de manera que se desarrolle y madure encontrando una adecuada expresión en programas e iniciativas concretas»[9].

Juan Pablo II habló incluso de la necesidad de una «conversión» ecológica[10], haciendo así converger en una sola expresión la conversión cristiana y las experiencias transformativas en relación con la naturaleza. Puesto que «la humanidad ha defraudado las expectativas divinas» de «gobernar el mundo con santidad y justicia»[11] —como la crisis de sostenibilidad contribuye a poner de manifiesto—, nos haría falta una radical transformación interior, para irnos acercando a la santidad de vida y a la justicia en nuestras relaciones con la tierra y su gente. Para el cristiano, por tanto, esta dimensión ecológica está integrada en la conversión a la que se siente llamado: «vivir la vocación

---

[9] Juan Pablo II, Mensaje para la XXIII Jornada Mundial de la Paz, 1 enero 1990, n. 1.

[10] Habla por primera vez de "conversión ecológica" en su Audiencia general del 17 de enero de 2001, aunque la expresión *conversión*, en este contexto, aparecía ya en su mensaje del 1 de enero de 1990.

[11] Juan Pablo II, Audiencia general del 17 de enero de 2001, n. 3.

de ser protectores de la obra de Dios es parte esencial de una existencia virtuosa, no consiste en algo opcional ni en un aspecto secundario de la experiencia cristiana»[12]. Es decir, no debería estar presente solo en quienes trabajan en entornos naturales o en aquellos a los que les gusta salir al campo el fin de semana o trabajar en el jardín.

Si el cristiano piensa que todo ser humano ha recibido de Dios el mandato de cuidar la tierra y a los que viven en ella, sentirá también que cada persona está llamada a una auténtica conversión ecológica. Puesto que ve cada realidad como obra y reflejo de un Absoluto Eterno y Trascendente, que las sustenta y está de algún modo presente en ellas (de hecho, el cristiano habla de la omnipresencia de Dios, antes mencionada junto a su trascendencia), podrá encontrar cada vez más motivos para vivir en comunión con «nuestra madre tierra, la cual nos sostiene y gobierna y produce diversos frutos con coloridas flores y hierbas», en palabras de san Francisco de Asís[13].

---

[12] Francisco, *Laudato si'*, n. 217.
[13] San Francisco, *Cántico de las criaturas*.

Personas no creyentes anhelan y experimentan también, a su manera, una comunión semejante. Pensamos, por ello, que el cristiano tiene mucho que aportar y aprender en el encuentro entre personas que, desde posiciones filosóficas, religiosas y vitales muy variadas, tienen en común el tratar de cuidar la tierra. Puede compartir su experiencia de que tras las criaturas se entrevé veladamente algo de Dios. Como se lee en la Carta de san Pablo a los Romanos (1, 20), «desde la creación del mundo las perfecciones invisibles de Dios —su eterno poder y su divinidad— se han hecho visibles a la inteligencia a través de las cosas creadas». El cristiano piensa, en definitiva, que se puede llegar a percibir que el Amor de Dios nos cuida a cada uno en el presente, a través de su creación, comunicándonos además una fuerza transformadora de los corazones. «Al cuidar la creación, vemos que Dios, a través de ella, cuida de nosotros»[14]

Para que se pueda hacer realidad esta conversión ecológica, sea uno creyente o no, es

---

[14] Benedicto XVI, Mensaje para la XLIII Jornada mundial de la paz, 1 de enero de 2010, n. 13.

conveniente fomentar algunas disposiciones y remover algunos obstáculos.

Un claro impedimento es la ya mencionada precipitación para hacer cosas tan urgentes como inútiles, que a veces impide darse cuenta de las preocupaciones o necesidades de otras personas o realidades. Como recuerda el papa Francisco a los creyentes, hoy día es necesario promover «una actitud del corazón, que vive todo con serena atención, que sabe estar plenamente presente ante alguien sin estar pensando en lo que viene después, que se entrega a cada momento como don divino que debe ser plenamente vivido. Jesús nos enseñaba esta actitud cuando nos invitaba a mirar los lirios del campo y las aves del cielo, o cuando, ante la presencia de un hombre inquieto, "detuvo en él su mirada, y lo amó" (Mc 10, 21). Él sí que estaba plenamente presente ante cada ser humano y ante cada criatura»[15]. Los constantes reclamos a la distracción incitan a dejarse arrastrar por la indiferencia hacia otras personas, pero también hacia una dispersión que es ocasión de graves pérdidas personales: «La naturaleza está llena

---

[15] Francisco, *Laudato si'*, n. 226.

de palabras de amor, pero ¿cómo podremos escucharlas en medio del ruido constante, de la distracción permanente y ansiosa, o del culto a la apariencia?»[16]. Al prestar atención, el cristiano entenderá que lo que puede escuchar son palabras de amor del Padre, mientras que los no creyentes pensarán que esas palabras amables tienen otro origen; pero esos susurros escuchados ofrecen a unos y otros un espléndido punto de encuentro, para salir juntos al cuidado de la tierra y de las personas más vulnerables.

En nuestra época, en medio de un mundo en buena medida acelerado, consumista y masificado, en muy diversos ambientes del mundo occidental son muchas las personas que sienten el anhelo de experimentar o reencontrar la paz y la armonía, y de cultivar el respeto y el amor. Quizá porque, por haber dejado de escuchar esas "palabras de amor" a las que se refiere Francisco, se sienten cada vez más como náufragos de sentido, en medio de un mundo artificial o de una naturaleza cuyo valor parece esconderse. Hartmut Rosa ha desarrollado ampliamente esta pérdida de resonancia en el

---

[16] Ídem, n. 225.

mundo actual sosteniendo además que, a su entender, se relaciona con la pretensión de convertirlo todo en algo disponible, que esté bajo nuestro control: «En la medida en que (...) apuntamos a poner el mundo a disponibilidad (...) como un conjunto de objetos a ser conocidos, alcanzados, conquistados, dominados o usados (...) parece escapársenos la "vida", aquello que constituye la experiencia de la vivacidad y el encuentro: aquello que posibilita la resonancia. Esto a su vez, produce angustia, temor, ira e incluso desesperación; sentimientos que luego, entre otras cosas, se ven reflejados en comportamientos políticos impotentes y agresivos»[17]. Salir de esta situación, sea impulsados por el anhelo de resonancia, sea escuchando esas palabras de amor, puede hacer que, poco a poco, hasta las situaciones más desfavorables se experimenten «como algo no solo lleno de sentido sino también sagrado, que arde con la misma fuerza que ilumina las estrellas: la compasión, el amor, la unidad última de todas las cosas»[18].

---

[17] Rosa, H. *Lo indisponible*, Herder, Barcelona 2020, p. 13-14.
[18] Wallace, D.F. *Esto es agua*, Random, Barcelona 2014, p. 99.

Josep Maria Mallarach, experto internacional en la relación entre espiritualidad y cuidado ambiental, ha sido testigo de este crecimiento:

> Las actividades que habitualmente han ofrecido las áreas protegidas, orientadas a la observación, descripción e interpretación de la naturaleza, tienen y seguirán teniendo, sin duda alguna, un lugar importante, pero hay un número creciente de visitantes cuyas aspiraciones apuntan en otra dirección: hacia experiencias más profundas, interiores o contemplativas. (…) En espacios protegidos remotos —en Laponia, por ejemplo— muchos visitantes declaran que van allí para experimentar la armonía y la grandeza majestuosa de la Naturaleza. (…) En una sociedad que vive cada vez más concentrada en ambientes urbanos y artificializados, restablecer un contacto profundo con la Naturaleza se percibe cada vez más como una necesidad vital, no sólo física, sino también anímica y espiritual[19].

La conversión ecológica se hace difícil cuando vemos las exigencias del cuidado de la tierra como un heroísmo imposible de alcanzar,

---

[19] Mallarach, J.M. "Más allá de la interpretación: conectando en profundidad con la Naturaleza", p. 30-31.

pensando que, cuando uno se da a la tierra y a las demás personas, sale perdiendo. Si vemos la conversión ecológica de este modo tan pesimista y negativo —una mera pérdida de "beneficios" en el dar— es fácil que encontremos excusas para no dejarnos interpelar personalmente. Es por tanto conveniente considerar lo que nosotros mismos perdemos cuando no valoramos suficientemente el respeto y el cuidado del mundo natural y humano; cuando no vemos cuáles son los regalos personales que estamos rechazando.

A este respecto, ayuda tener presente cuál es el valor y el sentido de la ética en el planteamiento aristotélico: es una reflexión sobre cuál es el modo de vivir que nos hace verdaderamente felices. Quizás hasta el tan incomprendido estoicismo integraba esa sabiduría a su manera, sin estar centrado en la renuncia por sí misma. Planteando las cuestiones de ética ambiental desde esta perspectiva, uno se puede preguntar si los beneficios del cuidado ambiental no solo se producen fuera de uno mismo, sino también —y principalmente— dentro de sí. Volvemos así a la escala personal, para intentar comprender —¡y experimentar!— que el mundo puede ser recibido como un regalo que nos hace felices al cuidarlo y enriquecerlo.

Podemos decir —y no es solo un modo de hablar— que en estos temas uno se juega el alma, pues vivir enriqueciendo es enriquecerse a sí mismo en dimensiones mucho más íntimas, ricas y dichosas que la simple posesión de bienes[20]. Quien se adentra en este camino de transformación personal y sale de sí mismo, acogiendo el don que se le ofrece cuidar, despliega en su corazón la natural apertura desinteresada hacia la realidad y hacia los demás y logra comprender mejor lo que la propia realidad es y cuáles son las riquezas que nos está ofreciendo. Al contrario, cuando dañamos y empobrecemos, transformamos el mundo a peor y, al mismo tiempo, nos hacemos también peores personas, atrapados y deformados por nuestros propios intereses egoístas, al olvidarnos del ambiente que estamos deteriorando, de quienes sufren los efectos de ese daño y de nuestra falta de atención a sus necesidades.

A quien le parezca que este "volverse mejor persona" es algo demasiado abstracto y con

---

[20] Cfr. Puig, J. "Sensibilidad por el medio ambiente y cristianismo", *Scientia et Fides* 7 (2019), p. 73-96, en p. 86.

poco poder de convicción, le ayudará saber que los beneficios personales del cuidado ambiental se pueden concretar claramente en diversos aspectos de nuestra vida cotidiana.

Es una experiencia común, por ejemplo, que a través del cuidado (de personas, animales, plantas o cosas) se alivian o curan la soledad y el vacío interior; que, contemplando la inmensidad, variedad y complejidad del universo y de la vida, se puede corregir el exceso de autoestima y ver con claridad las propias carencias; y que al percibir la alegría en el rostro sufrido y generoso de quien se dedica a cuidar, uno mismo puede convencerse de que vale la pena hacerlo. Las dificultades estarán siempre presentes, pero la bondad y la belleza mantendrán nuestra esperanza, como faros que guían nuestro camino.

Otras veces las ganancias personales tienen un aspecto más físico. Cuando uno comienza a ir a trabajar en bici en vez de usar el coche, este pequeño cambio no se va a percibir en las emisiones de gases de efecto invernadero a escala global, pero puede producir en uno mismo efectos beneficiosos, pues se relaja y se pone en forma. El cambio de conducta se convierte entonces en algo personalmente enriquecedor hasta física y psicológicamente.

Así, de un modo natural, crecen cada vez más la sensibilidad ambiental y todas las virtudes que están en la base del «difícil arte de la renuncia»[21], que se vuelve más y más amable porque la propia renuncia se comienza a ver como un medio para conseguir la plenitud de vida que nos atrae. Se comienza entonces a vivir con mayor sencillez y moderación, va perdiendo terreno el deseo de poseer y consumir y se busca al contrario compartir más. Uno va descubriendo cómo las criaturas presentes ante nosotros, si les dejamos ser lo que son y las contemplamos y disfrutamos, así como son, pueden ofrecer mucho más que si se intenta poseerlas. Evidentemente, esto sucede de modo más radical cuando lo que tenemos frente a nosotros son otras personas, pues la persona resplandece en medio del mundo natural, aunque no siempre brillen sus obras.

Esta transformación de los corazones —que creyentes y no creyentes vivirán de modos en

---

[21] López Tobajas, A. *Manifiesto contra el progreso*, Olañeta, Palma de Mallorca 2005, p. 43.

parte iguales y en parte diferentes— ayuda a ir liberándose poco a poco de las redes del consumismo y a no dejarse arrastrar por la espiral del mero hacer y tener, que prometen mucho, pero acaban sin satisfacer el más profundo anhelo del corazón: la comunión, el amor simultáneamente recibido y ofrecido personalmente, que transforma tanto a nosotros mismos como al mundo que cuidamos, del que recibimos también cuidado y cura.

Un estilo de vida más sobrio y desprendido nos permite ir dándonos cuenta de cuáles son las pequeñas y sencillas realidades que nos hacen verdaderamente felices. Se establece así un círculo virtuoso o una retroalimentación positiva: lo valioso y bello nos ofrece ser desprendidos y cuidadosos, y el vivir de este modo nos abre más los ojos ante lo valioso y bello. Así, paso a paso, se hace realidad «un retorno a la simplicidad que nos permite detenernos a valorar lo pequeño, agradecer las posibilidades que ofrece la vida sin apegarnos a lo que tenemos ni entristecernos por lo que no poseemos»[22]. Es más, se acaba sintiendo cada

---

[22] Francisco, *Laudato si'*, n. 222.

vez más el deseo de no poseer, limitando cada vez más la posesión —cosas, dinero...— solo a lo estrictamente necesario, para poder ser verdaderamente libres y conseguir así disfrutar todavía más, al buscar satisfacer sólo las aspiraciones y necesidades que no son artificiosas sino reales.

En cambio, cuando nos arrastra el frenesí consumista o la autoafirmación, es fácil que no disfrutemos ni siquiera de lo que ya tenemos, por el temor de perderlo, por anhelar lo que todavía no tenemos o por el hastío que produce lo que acabamos descubriendo que no satisface tanto como desearíamos. Jacinto, el personaje de *La Ciudad y las Sierras* creado por Eça de Queirós, encarna magistralmente tanto ese hastío como el camino de desprendimiento que le devuelve poco a poco la alegría de vivir, ese gozo que Rachel Carson atribuye a quienes aprenden a morar «entre las bellezas y misterios de la tierra»[23].

Escoger la vida sencilla y cuidadosa, en definitiva, permite disfrutar de lo que son las verdaderas y auténticas riquezas, que el dinero

---

[23] Carson, R. *El sentido del asombro*, p. 44.

no puede comprar, porque no tienen precio[24]. Si nos paramos a pensar sobre cuáles han sido para nosotros los días más felices, probablemente recordaremos muchos momentos llenos de encuentros aparentemente banales por su sencillez, como un rato agradable pasado con personas queridas, bajo el árbol que plantaron los abuelos, y disfrutar del canto de un ruiseñor o de los sabores y olores de nuestra infancia. Vivir en comunión con el medioambiente y contemplar la belleza y armonía —natural y humana— ayuda a encontrar la serenidad que buscamos y a seguir caminando hacia la plenitud de vida.

Para el cristiano, este compromiso de conversión del corazón se da en un peculiar entrelazamiento entre la acción de Dios y las obras humanas. San Agustín lo expresa diciendo: «Dios, que te ha creado sin ti, no te salvará sin ti»[25]. Para poder hacer el bien que querríamos hacer y evitar el mal que no querríamos hacer, el cristiano comprenderá que hace falta, junto al empeño personal, una ayuda de Dios, que

---

[24] Tomamos la expresión del libro de M. Sandel, *Lo que el dinero no puede comprar*. 2013. Debate.

[25] *Sermo* 169, 11, 13.

se hace presente de muy diversos modos. Sobre todo, en lo que los cristianos llaman Gracia de Dios y en la ayuda que nos envía a través del ejemplo, el cuidado o la intercesión de otras personas. Pero, como ya hemos dicho, también las criaturas, en la medida en que brotan del Amor y lo manifiestan, pueden ser a la vez para nosotros canales de los que Dios mismo se sirve para compartirnos el amor que nos transforma, guiándonos desde ellas hacia la comunión eucarística y eterna.

En la Eucaristía, el cristiano puede encontrar de un modo eminente este sorprendente entrelazamiento entre la naturaleza, la acción sobrenatural de Dios y la actividad de las criaturas. El pan y el vino que, a través de las palabras de Jesús en la Última Cena (que el sacerdote repite en cada Misa), se convierten —según enseña la fe católica— en el Cuerpo y la Sangre de Cristo, son «fruto de la tierra y del trabajo del hombre». El católico cree que, al comulgar con fe, uno se va transformando en Aquel que se ofrece en la comunión (Jesús mismo). Por ello, es realmente sorprendente para el cristiano que Dios haya querido obrar esta maravilla contando con unos frutos naturales de la tierra (el trigo y la uva) y con la actividad humana que los convierten en pan y vino. ¡Nos tendría que hacer pensar que no existiría Eucaristía si desapareciesen esas dos especies vegetales! No es extraño, por ello, que Juan Pablo II afirmara que la Santa Misa es un acto cósmico: «¡Sí, cósmico! Porque también cuando se celebra sobre el pequeño altar de una iglesia en el campo, la Eucaristía se celebra, en cierto sentido, sobre el altar del mundo»[26]. Y el papa Francisco añade: «La Eucaristía une el cielo y la tierra, abraza y penetra todo lo creado. El mundo que salió de las manos de Dios vuelve a Él en feliz y plena adoración»[27].

---

[26] Juan Pablo II, *Ecclesia de Eucharistia*, n. 8.
[27] Francisco, *Laudato si'*, n. 236.

ESTE LIBRO, PUBLICADO POR
EDICIONES RIALP, S.A.,
MANUEL URIBE 13-15, 28033 MADRID,
SE TERMINÓ DE IMPRIMIR EN
ANZOS, S. L., FUENLABRADA (MADRID),
EL DÍA 11 DE SEPTIEMBRE DE 2025.